FESTAS DE MARIA

ANSELM GRÜN
PETRA REITZ

FESTAS DE MARIA
GUIAS PARA A VIDA

Um diálogo evangélico-católico

EDITORA SANTUÁRIO
Aparecida-SP

DIRETOR EDITORIAL:
Marcelo C. Araújo

EDITORES:
Avelino Grassi
Márcio F. dos Anjos

COORDENAÇÃO EDITORIAL:
Ana Lúcia de Castro Leite

TRADUÇÃO:
Clóvis Bovo

COPIDESQUE:
Leila C. Dinis Fernandes

REVISÃO:
Bruna Marzullo

DIAGRAMAÇÃO:
Juliano de Sousa Cervelin

CAPA:
Simone Godoy

Título original: *Marienfeste* –
© Vier-Türme GmbH, Verlag, D-97359 Münsterschwarzach Abtei

ISBN 3-87868-363-4

* Revisão do texto em conformidade com o Acordo Ortográfico da Língua Portuguesa, em vigor a partir de 1º de janeiro de 2009.

**Dados Internacionais de Catalogação na Publicação (CIP)
(Câmara Brasileira do Livro, SP, Brasil)**

Grün, Anselm
 Festas de Maria: guias para a vida: um diálogo evangelico-católico / Anselm Grün, Petra Reitz; [tradução Clóvis Bovo]. – Aparecida, SP: Editora Santuário, 2009.

 Título original: Mariefeste
 Bibliografia.
 ISBN 978-85-369-0158-9

 1. Evangélicos - Teologia 2. Maria, Virgem, Santa - Culto 3. Maria, Virgem, Santa - Festas 4. Maria, Virgem, Santa - Teologia I. Reitz, Petra. II. Título.

09-01279   CDD-263.9

Índices para catálogo sistemático:

1. Festas marianas: Cristianismo 263.9
2. Virgem Maria: Festas e símbolos religiosos: Cristianismo 263.9

Todos os direitos em língua portuguesa
reservados à **EDITORA SANTUÁRIO** — 2009

 Composição, CTcP, impressão e acabamento:
EDITORA SANTUÁRIO - Rua Padre Claro Monteiro, 342
Fone: (12) 3104-2000 — 12570-000 — Aparecida-SP.

Ano: 2012 2011 2010 2009
Edição: **8** **7** **6** **5** **4** **3** **2** **1**

SUMÁRIO

Introdução 7

I. Festa da Imaculada Conceição
(8 de dezembro).................................37

II. Festa da Mãe de Deus
(1° de janeiro).....................................45

III. Anunciação de Maria (do Senhor)
(25 de março) 57

IV. Visitação de Maria
(2 de julho) 69

V. Festa da Assunção de Maria ao céu
(15 de agosto – domingo seguinte).....................79

VI. Natividade de Maria
(8 de setembro) 93

VII. Nome de Maria
(12 de setembro) 97

VIII. Comemoração das Dores de Maria
(15 de setembro) 101

IX. O "Anjo do Senhor" e antífonas marianas........109

Conclusão 119

INTRODUÇÃO

QUANDO SE FALA de Maria, as opiniões se dividem. Alguns a veneram com fervor. Outros rejeitam nitidamente qualquer culto. Sobrevém neles o medo de que Cristo seja desalojado de sua posição central como Mediador e que elementos secundários desviem a espiritualidade cristã para uma direção distorcida. Entre os cristãos evangélicos, todas as proposições católicas sobre Maria esbarram em preconceitos e incompreensão. Apesar de muitas tentativas para distinguir a autêntica devoção mariana das formas exageradas da religiosidade popular, a maioria dos cristãos evangélicos não encontrou acesso a Maria. Também para os fiéis muito engajados ecumenicamente, este tema é visto como ponto central de divisão entre as confissões religiosas.

Por isso, tentou-se neste opúsculo falar sobre Maria de tal modo que seja aceitável também para os cristãos evangélicos. O diálogo entre um monge católico e uma teóloga evangélica obriga-os a interrogar-se continuamente sobre o lugar de Maria numa espiritualidade cristã. Ambos irão tratar não só de questões dogmáticas, como também de questões da vida espiritual, principalmente a questão de uma sadia devoção mariana, que a tradição católica desenvolveu na Liturgia. Para isso se faz necessário conhecer as colocações publicadas nos diretórios litúrgicos.

A celebração das festas cristãs é um psicodrama, no qual são abordados os diversos aspectos da alma humana e no qual o ser humano pode sempre se confrontar com novas possibilidades de aperfeiçoamento da sua vida de cristão remido. As festas marianas indicam aspectos da existência humana que, de outro modo, poderiam passar despercebidos. Elas desenvolvem para cada um o mistério da Redenção em toda a sua riqueza.

Sobre o culto a Maria

Antes de entrar no conteúdo das festas e no seu efeito salutar para a alma humana, devemos abordar brevemente os pressupostos válidos para todas as dissertações sobre Maria e alguns problemas referentes à devoção mariana.

O pressuposto básico para nossas afirmações sobre Maria reza: A Mariologia é, simultaneamente, Teologia e Antropologia, ou seja, todas as afirmações sobre Maria são afirmações sobre Deus e sua ação salvífica no homem e afirmações sobre o homem e sua existência remida.

Para os padres da Igreja e para a Igreja do Oriente, a Mariologia não é uma catequese sobre as prerrogativas de Maria. Na Igreja primitiva nunca se procurou formular teses dogmáticas sobre o papel de Maria na obra da redenção. A discussão sobre se Maria é Corredentora não entra nas intenções definitórias da Teologia da Igreja primitiva. Tampouco tem sentido continuar refletindo nessa direção. As afirmações sobre Maria são desenvolvimentos poéticos da Teologia, e não um acréscimo de teses teológicas que compõem o depósito da Revelação.

Ao falar de Maria, é importante cuidar da linguagem que se vai utilizar. É uma linguagem poética e hinológica, uma linguagem de louvor, e não de informação. Os padres da Igreja exaltam em Maria a ação de Deus por nós. Para eles, Maria tornou-se um espelho por meio do qual a ação divina se reflete em nós; assim, ela pode ser percebida e descrita por nós. Como dissertar sobre o mistério inefável de Deus, a não ser em figuras humanas, a não ser nos reflexos da existência humana? Na Igreja Oriental, o espelho mais querido do mistério de Deus é Maria. Nela a Igreja pode acercar-se do mistério da encarnação divina, como testemunho central da nossa fé.

Maria não desaloja Jesus, Ele é a perfeita imagem de Deus Pai. Deus se revelou em Jesus Cristo. Na cruz do seu Filho, assim diz Martinho Lutero, Deus manifestou seu coração humano. Maria não é a revelação de Deus, mas o espelho no qual a revelação de Deus em Jesus Cristo é contemplada por um outro lado e vista numa nova luz. Portanto, é ocioso discutir sobre isso, ou seja, se as afirmações sobre Maria são necessárias para a salvação. Teoricamente, poder-se-ia dispensar uma Mariologia. Mas de fato encontramos já na mais antiga Tradição da Igreja tentativas para se ver a ação salvífica de Deus por meio do espelho de Maria. Essas tentativas não nascem de uma necessidade dogmática, mas de uma necessidade psicológica do ser humano de contemplar o mistério de Deus, não só em teses abstratas, mas em figuras concretas, revestindo-o não somente com conceitos masculinos, mas também com símbolos femininos. As afirmações sobre Maria são imagens concretas que ilustram a ação divina. As sentenças da Bíblia e as teses da Mariologia designam unicamente a ação redentora de Deus em Jesus Cristo. Mas as imagens marianas tornam compreensível e visível para nós esta ação divina. A Igreja do Oriente utiliza essas figuras, não em sua Teologia Dogmática, mas nos hinos. Notamos nos autores dos hinos a alegria com que glorificam a Deus, cuja ação por nós tornou-se tão humana, tão delicada, tão feminina em Maria. A ação de Deus é mergulhada na luz humana, em Maria. Assim ela se torna compreensível, atraente e fascinante para nós. Toca o nosso coração. E esse coração procura sempre novas figuras para enaltecer o mistério da encarnação, para exprimir o assombro por um Deus infinito ter-se encerrado no ventre de uma mulher. Assim canta Martinho Lutero: "Quem a imensidão do mundo inteiro nunca abrangeu jaz no seio de Maria. Aquele que, sozinho, conserva todas as coisas tornou-se uma frágil criancinha". A Liturgia deixa-se levar por imagens ousadas e livres para contemplar e enaltecer esse mistério. Fala do campo que produz frutos maravilhosos; da estrela que prepara o caminho do sol; da tenda do Verbo eterno; do trono de nosso Rei; do prelúdio dos milagres de Cristo e da imagem luminosa de nossa ressurreição. Por isso, Mariologia é uma estupenda contemplação e celebração das ações salvíficas de Deus.

Mas em Maria não somente exaltamos a ação de Deus, mas enxergamos também o próprio Deus, no seu Ser, na sua natureza. As imagens não querem mergulhar Maria numa luz divina e endeusá-la, mas é Deus mesmo quem brilha por meio delas. Os padres da Igreja procuram ver na imagem o mistério do Deus insondável, que não é somente homem, mas mulher também; não somente Pai, mas Mãe também; não somente Senhor, mas fascinante e delicado como uma jovem senhora. Os cristãos evangélicos poderão, sem elucubrações dogmáticas, alegrar-se com essas imagens, desde que essas imagens marianas não coloquem Maria ao lado de Deus, mas lembrem Deus por meio dela.

Mas se persiste a impressão de que Maria é mais importante que Deus ou que preferimos ir a Maria a ir a Deus, esses evangélicos reagem sentidamente e com razão. Para a Igreja primitiva não existe oposição entre Maria e Deus. Ela dirige sempre seu olhar para Deus – mas exatamente por meio da imagem de Maria. Maria está não ao lado de Deus, mas diante dele. Não para escondê-lo, e sim para envolvê-lo numa luz humana, numa luz feminina e materna.

MARIA – IMAGEM DOS REMIDOS

Maria realiza o postulado da Teologia feminista, que é a superação da imagem patriarcal de Deus e o desenvolvimento dos traços femininos de Deus. Maria é, para Leonardo Boff, o lugar "onde Deus revela seu rosto feminino".[1] As imagens que relacionamos com

---

[1] L. Boff, *Ave Maria. Das Weibliche und der Heilige Geist*, Düsseldorf, 1982, p. 25. (N.T.: *A Ave Maria. O feminino e o Espírito Santo*. 8ª ed. Petrópolis: Ed. Vozes, 2008, 104 p.)

Maria passam por Deus. Querem fazer-nos sentir Deus como nossa Mãe. Quando, pois, nas imagens marianas ecoam arquétipos de antigas divindades maternas, não se deve tomar como ressaibo de paganismo. Pelo contrário, o culto mariano é então o legítimo lugar onde os anseios primitivos do homem por um Deus materno podem e devem se exprimir.

Isso explica também a grande popularidade de Maria junto ao povo simples. Lá emergem todos os anseios primitivos e imagens dos seus sonhos, do seu inconsciente, e são lançados em Maria. Isto é salutar para o homem. Isto mantém seu equilíbrio. Se esses anseios não puderem adequadamente se externar na religião e se forem afastados como paganismo pela Teologia (de um Karl Barth, por exemplo), então as pessoas procuram outros lugares onde possam apoiar-se.

Então o arquétipo da Grande Mãe é projetado no grupo, que se transforma num ninho do qual não conseguimos sair, ou no Estado, que deve exercer a função de mãe e com isso fica sobrecarregado. O apelo para o Estado socialista, que tem de cuidar de tudo, torna-se finalmente uma invocação da Grande Mãe. Em toda parte onde descartamos o culto mariano, emergem formas substitutivas, com as quais se procura satisfazer o anseio pela Grande Mãe: no pietismo, no qual nos esbaldamos no sentimentalismo; na devoção Taizé, na qual nos embriagamos com músicas românticas; nas igrejas liberais, em que a comunidade se torna a Grande Mãe.

A Mariologia é ao mesmo tempo Antropologia, isto é, todas as afirmações sobre Maria querem transmitir alguma coisa sobre o mistério do homem e sua redenção. Não se trata de tirar Maria do meio do povo e colocá-la num pedestal inacessível. Assim, iríamos apenas admirá-la e estaríamos correndo perigo de colocá-la ao lado de Deus. Ela não seria mais espelho de Deus e *modelo* (*tipo*) do mundo remido, mas uma aparição de exceção, um ídolo. Nossa devoção se transformaria no culto a um "popstar". A Igreja primitiva nunca viu em Maria um ídolo, mas um *modelo*, *modelo* para a Igreja e para a humanidade remida. *Modelo* significa figura. O Novo Testamento vê frequentemente nas pessoas do Antigo Testamento um *modelo* daquilo que Deus fez para nós em Cristo e ainda fará. Portanto, *modelo* sempre significa promessa também. Deus nos mostra em Maria uma figura daquilo que fez também em nós e ainda fará. Na Psicologia o conceito de *tipo* foi reassumido e desenvolvido especialmente por C. G. Jung. Deu-lhes o nome de *arquétipos*. Com isso ele entende uma disposição da alma humana que é estimulada e movida por determinadas imagens. Em nosso caso, Maria, como *arquétipo*, significa que nos re-encontramos em Maria e descobrimos em nós, por meio dela, qualidades que ficariam ocultas, mas com ela algo se move em nós. Então nosso processo de identificação é estimulado e nós entramos em contato com nosso verdadeiro eu.

Os padres da Igreja viram Maria, sobretudo, como *modelo* da Igreja, e secundariamente, como *modelo* de cada remido. Desenvolvem, na figura de Maria, o mistério da Igreja que gera o corpo místico de Cristo do seio virgem da fonte batismal. Hoje, contudo, achamos difícil continuar com as teses dos primeiros teólogos sobre a Igreja. Pensamos depressa na Igreja concreta como instituição, na qual sofremos muitas vezes. Daí seria bom continuar com a *tipo*logia dos padres, considerando Maria como *tipo, modelo,* de cada ser humano remido. Para isto seguimos somente os padres gregos, principalmente Cirilo de Alexandria e Gregório de Niceia, que desenvolveram a Mariologia como Teologia Mística, principalmente na sua doutrina sobre o nascimento de Deus no coração dos fiéis.[2] Para a Teologia Mística de São Gregório, Maria é uma figura da alma humana que carrega Cristo consigo como no ventre materno, que forma Cristo em si por uma vida espiritual e o leva para o mundo.

Portanto Maria é, antes de tudo, um tema da Espiritualidade. Por isso os autores espirituais da Igreja primitiva não contemplam Maria tanto como protó*tipo único*, mas muito mais como modelo, *tipo* do homem remido. Nós também podemos tornar-nos portadores e portadoras, geradores e geradoras de Cristo como Maria. Queremos continuar esta linha

---

[2] Cf. H. Rahner, *Symbole der Kirche. Die Ekklesiologie der Väter,* Salzburg 1964, p. 41 ss.

mística, inserindo-a nos conceitos da Psicologia hodierna. Então Maria se torna figura de nossa própria transformação. Ela aponta caminho e meta para o nosso desenvolvimento humano e desvenda o segredo de nossa vida de remidos e do caminho espiritual para Deus.

Maria desempenha um papel importante na formação própria, tanto do homem como da mulher. Para o homem, Maria é uma figura da *anima*. Uma sadia devoção mariana seria para ele um auxílio na integralização da sua "*anima*". Para a mulher, Maria representa a si mesma, mediante a qual a mulher encontra o seu próprio eu. A integralização da mulher distingue-se essencialmente da do homem. Infelizmente falta uma descrição adequada do processo feminino de identificação. Pois C. G. Jung e sua escola detiveram-se principalmente no processo de identificação do homem. Maria integrou em si a *anima* e o *animus*. Representa a mulher em sua feminilidade, como mãe e virgem, como senhora e madona. Como rainha e soberana, que traz o símbolo masculino do cetro, corporifica o "animus", que assume responsabilidade e é criativo. No *Magnificat* ela é uma profetisa que virilmente declara guerra aos ricos e poderosos e anuncia-lhes uma ação avassaladora de Deus. Assim Maria poderia encorajar as mulheres de hoje para descobrir e percorrer o seu próprio caminho de integralização pessoal, em vez de imitar o caminho masculino da identificação.

Ao falar sobre o homem remido, a Mariologia refere-se a dois planos: o plano do ser e o plano do comportamento (conduta). No plano do ser, a Mariologia explica quem nos tornamos através da redenção de Jesus Cristo. Ela deixa claro que a nossa fé cristã tem essencialmente um componente antropológico. Não podemos discorrer adequadamente sobre a ação salvífica de Deus sem falar da humanidade remida. Depois da encarnação divina em Jesus Cristo, não podemos mais nos ocupar com a Teologia sem nos ocupar também com a Antropologia.[3] A Mariologia descreve a natureza do ser humano, que aceitou a redenção por meio de Jesus Cristo. Maria é o protótipo

---

[3] Cf. Rahner, *Maria. Mutter des Herrn*, Freiburg 1965, p. 20.

do ser humano, que recebe com alma e corpo a salvação de Deus, concebe em si a Palavra eterna de Deus de tal maneira que se torna grávida dela e a gera em si. Como Maria, trazemos Cristo, como centro mais íntimo, dentro de nós. Causa admiração saber que, na Mariologia, a Teologia do ser humano parte da imagem da mulher, e não do homem. Por isso, a Teologia feminista poderia levar isso em conta quando quiser falar de maneira integral, tanto de Deus como do ser humano. A antropologia católica é feminista já desde o seu início.

No plano da conduta, a Mariologia nos apresenta a figura de Maria como exemplo de fé. Maria é quem ouve, quem está pronta para entregar-se totalmente a Deus, quem medita a Palavra de Deus, quem engravida da Palavra de Deus e gera Jesus Cristo como fruto. Coloca-se à disposição de Deus como serva, é obediente, é a primeira discípula de Jesus, cheia de amor e prestimosidade. E é a grande orante que reflete sobre os acontecimentos da sua vida à luz de Deus, e medita a palavra de Deus em seu coração (Lc 2,19). Engrandece a Deus em seu magnífico hino de louvor, o

Magnificat, que se tornou uma norma para nossa oração.

Esta descrição de Maria, porém, não pretende acentuar suas prerrogativas pessoais, e sim mostrar o que Deus pode fazer do ser humano quando ele se abre para ele. É obra da sua Graça, e não merecimento do homem. Assim Maria, como exemplo de fé, não é ídolo, mas sinal da ação salvífica de Deus em nós, concretização da graça divina em nossa conduta.

Maria foi sempre honrada também pelos cristãos evangélicos como irmã na fé. Neste plano não existem praticamente dificuldades de entendimento. Mas este plano sozinho também nunca teria encaminhado para a devoção mariana, como se desenvolveu na Tradição católica. Se nos limitássemos somente ao plano da conduta e da moral, encontraríamos mais facilidade no diálogo ecumênico, mas teríamos de renunciar a alguma coisa da riqueza da espiritualidade cristã. Ao dialogar com as confissões religiosas, queremos também nos preocupar com as afirmações hinológicas sobre Maria como *modelo* do homem remido e como espelho da ação de Deus em nós.

Daí é bom levar sempre em conta que nem as proposições sobre Maria constituem o centro da Teologia, nem o culto mariano é a forma mais importante da vida espiritual. Ambas são ilustrações do que Deus realizou ou está realizando em nós. Tudo deve girar em torno de Deus e Pai de Jesus Cristo. Um discurso equilibrado sobre Maria aprofunda nosso relacionamento com Jesus Cristo e com Deus, que é simultaneamente nosso Pai e nossa Mãe. Se, pelo contrário, realçarmos demais Maria, espantaremos desnecessariamente não só os cristãos evangélicos, mas também muitos católicos jovens irão sentir-se mal. Deveríamos questionar até que ponto esse mal-estar não passa de preconceitos infundados ou manifesta um indício sólido de se estar falando erradamente de Maria e, por conseguinte, erradamente de Deus e de Jesus Cristo.

Dificuldades com Maria

Gostaríamos de nos deter somente em algumas dificuldades que hoje tanto evangélicos como cristãos católicos têm com Maria. Mesmo pessoas da nova geração preferem discorrer o menos possível sobre Maria. Frequentes vezes a conversa sobre Maria provoca reações tão violentas que quase não se consegue manter a objetividade. Isto é sempre um sinal de que está sendo injetado algo na própria alma que nós não aceitamos. Quando alguém reage apaixonadamente, é sinal de que está defendendo-se de alguma coisa que o torna inseguro. A sensibilidade perante Maria tem seu fundamento na insegurança com respeito à própria sexualidade, ao relacionamento com a mãe e ao papel de homem e mulher. O homem não consegue falar de Maria sem experimentar alguma perplexidade emocional, porque ela tematiza seu relacionamento com a mulher. E o comportamento da mulher perante Maria é determinado pela dúvida de conseguir aceitar-se como mulher e de poder entender seu papel feminino.

Uma sadia devoção mariana poderia ser útil ao homem para encontrar um relacionamento correto diante da mulher. Mas como acontece em cada forma de fé, também a devoção mariana oferece ocasião para projeções falsas. Uma jovem conta de um capelão que se entusiasma só por Maria, reza constantemente o terço, mas não pode olhar nos olhos de nenhuma jovem. Evidentemente este capelão projeta em Maria seu afeto por uma mulher, mas a coloca num pedestal tão alto que ela não oferece perigo para ele, por estar em lugar inacessível. Contudo, esta projeção o impede de encontrar uma posição saudável frente a uma mulher real.

Essas projeções tinham como consequência bastante frequente endemoninhar a mulher real e identificá-la com a Eva sedutora. Todos os sentimentos positivos foram direcionados para Maria, e para a mulher concreta restou depreciação, zombaria, rebaixamento e exclusão.

Outro perigo é a glorificação da mãe. Tem-se a impressão de que, em algumas orações marianas, anseios infantis para a mãe são projetados em Maria, enquanto o orante ainda continua tomado por uma profunda dependência de sua mãe. C. G. Jung acha que em cada um de nós esconde-se a saudade da mãe. Nós continuamos infantis se este anseio é projetado na mãe concreta.

Precisamos de símbolos para podemos projetar este anseio. Maria seria, então, um símbolo que pode atrair para si nosso desejo ardente pela mãe, e com isso libertar-nos de uma dependência infantil. Mas se Maria não é vista como símbolo, e sim como substituta da figura materna, então continuamos na dependência materna da infância. Sinal disso é sempre a forma chorosa e sentimental, mas também patética e exagerada, com que se fala de Maria.

Uma devoção mariana saudável seria um caminho para o homem integrar sua *anima*. O homem que vive unilateralmente o seu consciente masculino torna-se rijo, estéril, e cai na avidez pelo dinheiro, pelo sexo e pelo poder. Torna-se uma ameaça para o nosso mundo, pois desfalca a natureza e faz valer somente o direito do mais forte na sociedade. O consciente masculino precipitou-nos numa crise que não podemos mais resolver com virtudes puramente masculinas. Daí Erich Neumann, discípulo de C. G. Jung, pensa que o ocupar-se com o feminino seria, justamente hoje, uma tarefa importante e atuaria salutarmente no invasor consciente masculino do nosso tempo.[4] Em Maria o homem se preocupa com o feminino e descobre nela, como num espelho, os próprios elementos femininos, seu lado materno e protetor, sua aptidão para fazer crescer e amadurecer, seu jeito cuidadoso e delicado. Assim é superada a divisão entre o masculino e o feminino, e ele se torna um homem completo, um homem que mantém sua masculinidade, mas ao mesmo tempo desenvolve seus aspectos femininos.

Hoje é convicção geral que o homem deve integrar sua *anima*. Mas isto leva frequentemente a uma negação da própria masculinidade. Muitas mulheres têm a impressão de que não existem mais homens completos que se adaptem à feminilidade delas, mas que põem abaixo a *anima* e vestem como que uma capa que não assenta bem. A devoção mariana não deveria reforçar a negação da própria masculinidade, mas contribuir para que o homem não ocultasse seu pendor mariano no seu quartinho

---

[4] Cf. E. Neumann, *Die grosse Mutter. Eine Phänomenologie der weiblichen Gestaltungen des Unbewussten*, Olten 1978, p. 67.

tranquilo, mas tivesse também a coragem de mostrá-lo e expressá-lo em público. Mas isto só acontece se ele se aceitar como homem, se ele não "ficar nadando" na feminilidade porque pensa que a mulher emancipada espera isso dele ou porque acha que com isso é progressista, mas porque se coloca como homem diante da mulher, em Maria. Ricardo Rohr assinalou acertadamente em suas palestras espirituais para a libertação dos homens que a coragem masculina de arriscar faria bem.[5] Se a devoção mariana do homem é sadia ou não, mostra-se na sua capacidade de assumir as duas coisas: comportamento viril e sentimento delicado, coragem para o arrojo e materna solicitude do fazer crescer. Um exemplo dessa integração foi seguramente o Cardeal Döpfner, de cuja audácia a Igreja alemã sente a falta.

O culto a Maria como mulher bonita poderia auxiliar o homem a lidar corretamente com sua sexualidade. O conde Dürckheim está

---

[5] Cf. R. Rohr, *Der wilde Mann. Geistliche Reden zur Männerbefreiung*, München 1986.

convencido de que, justamente para o homem celibatário, um relacionamento saudável com Maria contribui para a integração da sexualidade no homem que optou pelo celibato. No terreno religioso a mulher bonita está representada em Maria. Em numerosos hinos exaltamos Maria como a mais bela de todas as mulheres. Comparamos Maria com os lírios do campo. Ela é a flor mais linda que cresce na terra. Nesses hinos certamente não são apenas motivos piedosos a desempenhar um papel. De algum modo também a sexualidade tem alguma parte. Mas é um detrimento se a sexualidade entrar no espaço da devoção? Certamente é mais salutar deixá-la entrar no culto a Maria do que separá-la de nosso relacionamento com Deus e empurrá-la para a penumbra. Assim a sexualidade ganha uma dimensão religiosa. Abre-se para Deus. Em todas as religiões a sexualidade foi sempre entendida como símbolo da unificação do homem com Deus. O forte anseio inserido na sexualidade tende para a vivacidade mediante a união com a deidade. A Liturgia aplica a Maria o "Cântico dos Cânticos" – um poema de amor entre o homem e a mulher.

Assim em Maria eleva para o âmbito religioso também a sexualidade e oferece ao homem a possibilidade de transformar sua energia sexual, convertendo-a em vitalidade.

As mulheres reagem ao tema mariano por motivos diversos, sentida e alergicamente. Desagradam-se, e com razão, da imagem da mulher que às vezes foi acentuada no culto a Maria: Maria, a humilde serva; a virgem pura, livre de toda sexualidade; e a mãe, que vive totalmente para seu filho. A Teologia feminista supõe não sem fundamento que, atrás dessa imagem da mulher, existe a ideia de uma igreja puramente masculina, de manter a mulher na minoridade, de não deixá-la subir. Os homens impingem à mulher uma imagem ideal que ela nunca pode realizar: a imagem da mulher inofensiva, de uma virgem pura, com medo de precisar encontrar a mulher real, com seus desejos e anseios, e com sua vitalidade e sexualidade. No estudo das festas marianas em particular, veremos que esta imagem de Maria não procede, que Maria pode criar uma imagem saudável da mulher. Quem é mais emancipada que a Virgem que, sem a intervenção do homem, gera uma criança divina?

Além da defesa contra a imagem falsa da mulher, nas conversas com mulheres sobre Maria, emergem ainda outros motivos que frequentemente provocam reação negativa. Às vezes desconfia-se que com Maria a mulher rejeita a própria feminilidade e corporeidade. Neumann pensa que a ligação com o *arquétipo* da Grande Mãe é importante para a mulher, para que ela aceite sua própria corporeidade e situação terrena, para que não permaneça simplesmente filha do pai, mas se encontre a si mesma.[6]

A rejeição de Maria baseia-se frequentemente nisto: não concordamos a respeito do papel sociológico da mulher, como Maria o representa. Acontece, porém, que no culto a Maria não se trata primeiramente do papel sociológico da mulher, mas do *arquétipo* do feminino, que inclui os diferentes aspectos da mulher: a mulher como a Grande Mãe, mãe da Terra, divindade mãe, virgem bem-amada, madona, rainha, dispensadora da sabedoria.

---

[6] Cf. E. Neumann, *Zur Psycologie des Weiblichen*, Zurich 1953, p. 21 ss.

Se a mulher vir em Maria uma figura da sua feminilidade positiva, poderá acolher e desenvolver em si os aspectos positivos da sua *anima*. Assim Maria poderia ser para a mulher a figura do seu próprio ser, que a levaria para a integralização. Só seria perigosa a absorção dos aspectos positivos da *anima* por meio de Maria se nós mergulhássemos Maria numa longínqua luz romântica ou então a erguêssemos até o alto céu; ou se apenas nos entusiasmássemos por Maria em vez de, a partir dela, enfrentar nossa própria realidade.

A mulher hoje não tem somente a tarefa de dar espaço ao seu *animus*, pois já tem feito isso à saciedade. Muitas vezes tem de fazer mais que o homem, por exemplo, para ser reconhecida na profissão. O que Jung vê como tarefa para a segunda metade da vida, muitas mulheres devem fazer entre os 20 e 30 anos de idade: o aperfeiçoamento do seu *animus*, da sua iniciativa e responsabilidade. Quanto a isso, a devoção mariana oferece hoje para a mulher a possibilidade de administrar sua própria feminilidade, de afirmar seu estilo feminino. Isso não significa seu afastamento da cozinha e da casa, mas a coragem para recuperar sua feminilidade perdida. O interesse da Teologia feminista por Maria tem aqui sua raiz. Muitas mulheres desconfiam que, lutando pela emancipação, se meteram numa luta de concorrência, na qual tiveram de aceitar as regras do jogo impostas pelo homem. E pressentem que, além da emancipação, deviam voltar ao seu papel de mulheres. A imagem da mulher bonita, da mulher atraente e, ao mesmo tempo, confiante em si, da mulher tranquila e corajosa ao mesmo tempo, da mãe e rainha como é representada em muitas estátuas de Maria, poderia ajudar a mulher a re-encontrar sua própria forma original.

O novo papel exigido das mulheres e que elas mesmas escolheram, embora ainda não o tenham aperfeiçoado, leva também para desagradáveis relacionamentos com a mãe: ou a mãe jovem não aceita mais o papel (o ofício) da sua mãe (como dona-de-casa) e o recusa, como também recusa a própria mãe, ou tem – devido ao antigo papel no qual se sente inserida – dificuldades no seu papel de mulher profissional e de mãe (dona-de-casa). Oxalá

Maria se torne o campo de projeção que cura as feridas que a vida moderna abriu...

Se descrevermos agora as festas marianas como imagens de uma vida bem-sucedida e como promessa de nossa integralização e redenção, muitos cristãos evangélicos se verão em dificuldades. A Igreja evangélica conhece apenas duas festas marianas: a festa da Anunciação, a 25 de março, e da Visitação, a 2 de julho. Mas quase nenhum pastor evangélico prega sobre o mistério da festa, com receio de gerar incompreensão na sua comunidade. Ocupamo-nos aqui com as festas marianas que têm uma longa tradição, deixando as muitas festas secundárias que foram acrescentas ao longo da história da devoção mariana, como, por exemplo, Maria Rainha, Mãe do Santo Rosário. As festas como Assunção de Maria e Imaculada Conceição não remontam aos textos bíblicos. Surgiram mais por uma necessidade psicológica do povo que foi desenvolvendo sempre mais o perfil de Maria. Mas ultimamente também as festas marianas que não têm fundamento bíblico são uma ilustração para outras afirmações da Escritura. Isto vai ser mostrado quando tratarmos de cada festa.

No conteúdo bíblico entraram também elementos que são mais antigos que o cristianismo, elementos extraídos do culto à Grande Mãe. Os povos projetaram em Maria seus anseios de refúgio num Deus materno e os expressaram em suas festas. Isto está certo. Assim suas necessidades profundas e seus anseios de fé cristã foram aceitos positivamente pela fé cristã e direcionados para os caminhos certos. Depois foram encaminhados por meio de Maria para Deus que é Pai e Mãe ao mesmo tempo. As festas marianas oferecem a possibilidade para nos colocarmos diante dos desejos e das necessidades fundamentais de nossa alma, de expressá-los e assim entrar em contato com o nosso íntimo mais profundo. Celebrando Maria, tornamo-nos um só com nossos anseios e sentimentos, a ponto de desenvolver possibilidades em nós que, de outro modo, não daríamos por elas. Entramos em regiões de nossa alma que geralmente reprimimos porque nos fazem lembrar demais nossas feridas de infância, mas que são importantes para nossa completa realização e saúde psíquica.

Assim, as festas marianas são guias de vida, de uma vida mais plena e magnífica, de uma vida que nos une com a criança que está em nós e nos possibilita reconfigurar nossa imagem a partir do seu início infalsificável.

I

FESTA DA IMACULADA CONCEIÇÃO

(8 DE DEZEMBRO)

COM RELAÇÃO À solenidade da Imaculada Conceição, muitos não se entendem. Esta festa faz lembrar a aversão da Igreja ao corpo e a sua doutrina de difícil compreensão sobre o pecado original. Maria parece tão despojada de nossa humanidade e goza como única do privilégio da isenção do pecado. Mas a festa não quer exprimir isso. Os padres da Igreja veem em "Maria Imaculada" uma figura da "ecclesia immaculata" (Igreja imaculada) e da nossa própria santificação por meio de Jesus Cristo. A figura da Virgem sem mácula quer apenas ilustrar concretamente o que diz a Carta de Paulo aos Colossenses: "Mas agora ele vos reconciliou pela morte do seu corpo mortal para vos apresentar santos, imaculados e sem culpa" (Cl 1,22). Portanto, nós celebramos Maria não para distingui-la de todos, mas celebramos nela o mistério da nossa redenção.

Os padres da Igreja veem na Virgem Imaculada, primeiramente, o mistério da Igreja, que foi purificada de todos os pecados pela morte de Cristo. A figura de Maria ilustra o que Paulo escreve na Carta aos Efésios: "Ele quer ver a Igreja apresentar-se diante dele, gloriosa, sem mancha nem ruga, nem outras falhas; deve ser santa e imaculada" (Ef 5,27). Nesta figura, a redenção significa que fomos libertados da espiral da culpa, pelo fato de Deus, por meio de seu Filho, ter criado para si na Igreja uma geração de santos, nos quais a graça é mais forte que o pecado. Quando os padres da Igreja tratam do mistério da Imaculada, não estão preocupados com o que aconteceu no nascimento de Maria. Eles não desmembram a figura, como fez a Teologia dos últimos séculos, mas veem nessa figura a nossa santificação por meio de Jesus Cristo. Primeiramente a nossa santificação relaciona-se com a Igreja como povo de Deus, depois também com a vida espiritual de cada um. O que começou cheio de graça em Maria deve realizar-se plenamente em nós. Nós celebramos, portanto, na festa de Maria Imaculada nosso próprio mistério. Não só não estamos envolvidos na culpa, mas também livres dela com Maria por meio de Jesus Cristo. Não estamos mais contagiados de jeito algum, pela corrupção do mundo, não somos ruins e maus até o fundo, mas agora a Graça em nós é mais forte que a culpa.

Na solenidade da Imaculada, manifestamos o desejo de ser puros. Contudo, deve haver alguém que não foi contaminado pela mentira, que é fundamentalmente limpo e puro. Deve haver uma pessoa que não atribui tudo para si e não procura em tudo sua própria vantagem. A festa da Imaculada nos diz sim, existe essa pessoa. Existe essa pessoa cujo âmago é sadio, uma pessoa não corrompida pelo pecado. É Maria, uma mulher do nosso meio, uma como nós. Não é mérito seu que ela seja assim. Deus agiu nela. Deus a encheu tanto de si mesmo que o mal não tem mais espaço. Mas em Maria celebramos a nós mesmos, nossa própria possibilidade, nossa própria redenção.

Também em nós algo ficou totalmente limpo por meio de Jesus Cristo. Também em nós há um lugar que não foi atingido pela culpa, um lugar onde só Deus mora conosco. Existem pessoas que se sentem continuamente culpadas. Tomam continuamente sobre si os sentimentos de culpa dos outros. Dilaceram-se a si mesmas. A festa da Imaculada quer dizer que há em nós um lugar onde estes sentimentos de culpa não penetram, onde também nosso próprio desânimo não pode penetrar, um lugar que não pode ser tocado nem pela maldade do mundo, nem pela nossa culpa. Nesse lugar mora Deus, mora somente Cristo. É isso que celebramos. E enquanto o celebramos, podemos respirar, perceber algo da libertação que Cristo nos trouxe, da libertação dos sentimentos torturantes de culpa, da libertação do medo contínuo de que algo em nós não se enquadra, que desanimamos e não conseguimos "dar certo com Deus". A figura de Maria Imaculada nos infunde a confiança de sermos amados por Deus com amor total. Tira-nos a angústia da culpabilidade da nossa vida, angústia que caracteriza principalmente a pessoa depressiva.

Esta festa coloca diante de nossos olhos uma imagem positiva do ser humano. É bem diferente da que a literatura moderna nos apresenta: a pessoa imersa num mundo de negócio e de luta criminosa, no qual ela é condenada ao trabalho e ao sucesso e julgada culpada sem saber. As estruturas da sociedade são injustas por si mesmas e levam a pessoa para a culpa sem ela querer. E esta não consegue mais livrar-se desse emanharado de culpas. Por mais objetivamente que a literatura moderna analise a situação do homem, ainda não é toda a verdade. Ainda e sempre existe uma pessoa que, como Maria, não está envolvida pela culpa. Também para nós existe a possibilidade de sair do redemoinho da culpa.

A doutrina de Lutero sobre a corrupção do homem não está em contraposição com o mistério da Imaculada: somos corrompidos por natureza. Mas fomos recriados, como Maria. "Somos uma nova criação em Cristo" (2Cor 5,17). E somos puros e sem mancha graças a Cristo. Nesta festa bendizemos a Deus pela sua ação benfazeja em nós.

É uma festa da Graça de Deus e corresponde mais à posição da Reforma do que aos apelos constantes de muitas pregações, segundo as quais é preciso ainda fazer mais isso e aquilo, porque somos responsáveis por isso e aquilo. Existe uma espécie de pregação que só procura inculcar nos ouvintes a ideia de uma consciência má. Então saímos do culto divino nos sentindo mal, quase sem força para mudar realmente alguma coisa. O excesso de exigências sobre moralidade acaba nos atirando na tristeza e no abatimento.

A festa da Graça divina que celebramos na figura da Virgem pura quer dar-nos esperança e confiança. Festejamos o poder da Graça divina que, a nós, pecadores, nos faz chegar puros e sem mancha diante de Deus. Tendo o dia todo a figura da Imaculada diante dos olhos, algo em nós se torna mais puro e desprendido. Descobrimos em nós o lugar onde nossa culpa não tem acesso, atingimos em nós o âmago que não foi contaminado pelo pecado, mas totalmente impregnado pela graça divina. Bendizemos o poder de Deus que também em nós é mais forte que o pecado. Maria desperta em nós o anseio pela pureza interior, e sua figura suscita a aspiração de uma pureza que já está em nós e da qual somos capazes em Cristo.

Depois desta festa não nos sentiremos mais sobrecarregados, mas remidos e amados por Cristo. Cercados pela bondade e amabilidade humana de Deus que nos apareceu em Cristo e que em Maria expandiu sua ternura e pureza.

II

FESTA DA MÃE DE DEUS

(1º DE JANEIRO)

A FESTA DE MARIA, Mãe de Deus, celebra o mistério de uma mulher que gerou o Filho de Deus. Maria não gerou uma pessoa que depois foi acolhida por Deus como Filho, mas gerou o próprio Deus. Durante os primeiros séculos do cristianismo debateu-se muito em torno desse mistério. O povo reviveu exultante quando o Concílio de Éfeso sancionou o título de Mãe de Deus para Maria. Também a Igreja evangélica reconhece Maria como Mãe de Deus. Contudo, só podemos viver do mistério da maternidade divina se o celebrarmos, pois, na celebração, uma sentença dogmática se transforma em imagem de vida que faz não só compreendermos, mas também experimentarmos a redenção.

A festa da Mãe de Deus suscita no consciente diversos aspectos da ação redentora de Deus. O mistério da encarnação é contemplado a partir de Maria, trazendo, portanto, para o primeiro plano a dignidade da mulher. Se uma mulher gerou no seu seio finito o Deus infinito, isto é algo decisivo para sua maternidade. Leonardo Boff interpreta assim os relatos marianos do evangelista Lucas: "O Espírito Santo acolheu a capacidade de Maria de ser mãe e transformou sua maternidade em maternidade divina".[7] Celebramos, portanto, não só o nascimento de Jesus pela mãe, mas também o mistério da própria maternidade e, com isso, a dignidade da mulher. O que mais se pode citar sobre a dignidade e feminilidade da mulher do que o fato de sua maternidade em Maria ter sido elevada e colocada em Deus? Assim, a festa da Mãe de Deus nos mostra tal imagem da mulher como a teologia feminista não pode fazer melhor. Em Maria é representado o amor da mulher dispensador da vida,

---

[7] Boff, *A Ave Maria, op. cit.*, p. 95.

um amor que não é efeminado e frágil, mas ardente e delicado, forte e protetor, criativo e dinâmico, consequente e vigoroso. A maternidade de Maria não quer reduzir a mulher ao seu papel de mãe, que só tem o encargo de gerar e criar filhos. Muito mais, traça a imagem da mulher marcada pela liberdade e independência, vigor, paixão e responsabilidade: a mãe faz crescer, sabe esperar até que brote nela a vida divina e transforme o mundo inteiro.

A festa de Maria, Mãe de Deus, faz lembrar muitas *imagens* (*arquétipos*) da Grande Mãe. A mãe é aquela que alimenta e sustenta, dá casa e abrigo. É o símbolo da vida. A Grande Mãe é representada na maioria das vezes sentada ou no trono. Trono e montanha lhe pertencem. (Daí o costume de muitos centros de romaria ficarem sobre uma montanha.) Vamos até a mãe por uma subida cansativa. A mãe é senhora das plantas e dos *animais*. Como senhora das plantas, ela distribui os alimentos; como senhora dos *animais*, mostra que em nós existem forças sujeitas ao instinto; os *animais* são símbolos dos instintos. As forças superiores aos instintos que Maria convoca são consideradas numerosas.[8] A Grande Mãe é ao mesmo tempo senhora da sexualidade. É representada com grande seio, que é fecundo e gera filhos. Mas esta mãe é ao mesmo tempo mãe do espírito, que nos gera de novo, que nos incita para a mudança espiritual. Enquanto o homem procura resistir na luta pelo poder, a mãe quer mudança e renovação. A mãe é ao mesmo tempo aquela que conserva e transforma, que incita o filho a tornar-se homem maduro, que quer seu desenvolvimento psíquico e espiritual. Todas essas *imagens* (*arquétipos*) da Grande Mãe entram na devoção a Maria como Mãe de Deus. Continuam atuando inconscientemente e procuram formas de expressão. A devoção mariana oferece-nos a possibilidade de expressar num sentido positivo nossas aspirações para a Grande Mãe.

Se observarmos os que vão à Gruta de Lourdes em peregrinação, poderemos ver claramente essas imagens (*arquétipos*) vibrando de entusiasmo. Os que entram na gruta costumam tocar na pedra. Lá dentro sentem-se

---

[8] Cf. E. Neumann, *Die grosse Mutter*, p. 263 s.

— 48 —

agasalhados como no seio materno. Lá podem descansar e sentir-se bem. Lá não precisam fazer nada, simplesmente ser o que são.

Para Jung a transferência da saudade da mãe para um símbolo religioso é uma possibilidade de escapar da regressão e renovar positivamente as energias vitais. Se, no lugar da nossa mãe, procurarmos refúgio junto de Maria, ficaremos libertados de nossa mãe biológica. Naturalmente podemos projetar o anseio por nossa mãe em Maria de modo imaturo e ver nela apenas uma substituta para nossa mãe, o que seria uma infantilidade. Mas existe também a possibilidade de orientar nosso anseio para Deus por meio de Maria. Deus nunca é substituto para a mãe concreta. Ele não está no mesmo plano que nós. Se orientarmos para Deus o nosso anseio pelo acolhimento amoroso, ficaremos realmente livres de todos os "ganchos" insanos que nos prendem às pessoas. Ao mesmo tempo encontramos apoio e paz em nós mesmos. Não estamos mais condenados a essa procura sem descanso que hoje angustia pessoas e exige tanto, mas temos um lugar onde descansar. Não iremos mais acalmar nosso anseio pela mãe com calmantes, com álcool e drogas, aos quais hoje muitos de nós recorrem sempre mais a fim de acalmar seu anseio. As dependências viciosas sempre têm algo a ver com a perda da mãe e passam a ser a mãe substituta, junto da qual podemos finalmente nos deixar cair e sossegar. No culto mariano poderíamos direcionar de modo saudável para Deus nosso anseio pela mãe, e aí experimentar algo do acolhimento, junto de nosso Deus materno.

A festa da Mãe de Deus nos fala alguma coisa sobre o próprio Deus. Maria é o espelho no qual Deus se reflete e nos mostra a dimensão materna de Deus. Maria não é uma divindade, mas nos leva a pensar que na origem do mundo existe algo materno, um afetuoso amor oblativo da vida. Greeley acha que a festa da Mãe de Deus nos mostra o aspecto feminino das origens da vida: "A dimensão oblativa da vida – de Deus – em contraposição com a dimensão reguladora da vida do elemento masculino".[9] A vida é mais forte que a morte. E assim

---

[9] A. Greeley, *Maria. Über die weibliche Dimension Gottes*, Graz 1979, p. 129.

a figura da Mãe de Deus empresta esperança e segurança ao sentimento do nosso ser e existir. Não encontramos desespero e absurdez na origem do mundo, mas um Deus materno, junto do qual estamos protegidos, um Deus que nos toma carinhosamente em seus braços, para podermos nele descansar de nossos temores e cuidados. A Teologia feminista acentua hoje que Deus não é somente Pai, mas Mãe também, que tem traços não somente masculinos, mas também femininos. A questão, porém, é como esta visão teórica pode entrar na devoção concreta. Seria certamente um tanto artificial rezar "Mãe nossa" em vez de "Pai nosso". Não se podem criar formas de devoção a partir "da mesa de gabinete". A devoção mariana é o lugar onde podemos experimentar Deus como o Deus materno. Se observarmos as pessoas mais idosas nos santuários marianos, perceberemos algo do seu anseio pelo Deus materno, por um Deus de rosto humano e materno. Daí não estranharemos se a Teologia do povo simples nem sempre corresponde à nossa Dogmática. A devoção nunca se orienta pela Dogmática. Ela se origina do anseio dos corações. No seu íntimo as pessoas simples estão sempre pensando no Deus materno quando oram, mesmo quando estão voltadas para a Mãe de Deus, Maria. Não precisamos imitar incondicionalmente sua devoção, mas devemos pelo menos ter respeito para com elas. Nunca devemos obrigar-nos a seguir uma forma de devoção, com mais razão, no culto mariano. Mas poderíamos experimentar ao menos uma vez o que sentimos quando, sem preconceitos, nos colocamos a ouvir uma canção mariana e "damos asas" ao nosso anseio para com o amável e carinhoso Deus materno. Aí precisamos confiar em nossos sentimentos. Cada um tem em si o "faro" natural do legítimo e do falso. E cada um deve avançar somente o tanto que este faro impelir, e até mais do que seus preconceitos permitem.

A festa da Mãe de Deus no coloca mais outro aspecto de nossa vida espiritual: Maria como mãe de Deus é uma figura da Igreja que incessantemente gera o próprio Cristo nos cristãos, e é uma figura de cada um, cujo objetivo é o nascimento de Deus em seu coração. Este tema é desenvolvido, sempre mais e mais, pelos padres da Igreja. Hipólito escreve: "Nunca a Igreja cessa de gerar o Logos (a Palavra) do seu coração".[10] E Metódio liga o nascimento de Deus na Igreja e no coração de cada um: "Não seria perfeito, pois, anunciar a encarnação do Filho de Deus pela Virgem Santa, mas não reconhecer que Ele vem em sua carne também na Igreja. Portanto, cada um de nós não deve reconhecer sua parusia só naquela Carne sagrada que era da Santa Virgem, mas deve professar a mesma parusia também no espírito de cada um de nós".[11]

O tema do "nascimento de Deus", lembrado na festa da Mãe de Deus, está relacionado pelos padres da Igreja, primeiramente, com a Igreja e, depois, desenvolvido sempre mais pela Teologia Mística como meta da vida espiritual.

Um texto de pseudo-Crisóstomo poderá explicitar isto:

---

[10] De Antichristo 61 (GCS Hippolyt I, 2.4. s.), citado em: H. Rahner, *Maria und die Kirche*, Innsbruck 1951, p. 45.
[11] De sanguisuga 8,2 (GCS Methodius, 486), citado ibidem, p. 46.

Portanto, cada alma se transforme na Mãe de Cristo no seu interior. Mas como se tornar Mãe de Cristo? Cada alma carrega Cristo em si, como no seio da mãe. Se ela não se transformar por uma vida santa, não pode ser chamada Mãe de Cristo. Mas cada vez que recebes em ti a Palavra de Cristo e a configuras em teu coração, cada vez que ela se forma em ti pela tua meditação como num seio materno, então podes ser chamada sua mãe. E para perceberes que Cristo é formado em cada um de nós, que nossa alma pode tornar-se mãe de Cristo, isto é, mãe da Palavra de Cristo, diz Paulo: "Meus filhos, eu sofro por vós como em dores de parto até que Cristo seja formado em vós" (Gl 4,19).[12]

O tema do nascimento de Deus no ser humano foi desenvolvido principalmente por Gregório de Niceia. O tema central de sua Mística é "ter Cristo vivo em nosso coração".[13] Máximo desenvolve mais esta doutrina. Para ele a encarnação interior do Verbo é uma pará-

---

[12] Ps.Crysostomus, De caeco et Zachaeo 4 (PG 59, 665), cit. em Rahner, *Symbole der Kirche*, p. 43.
[13] Ib., p. 49.

frase da experiência mística. Porque a alma traz em si o Logos (Verbo),

> sobe para a visão simples e indivisa e se aproxima do Logos sobrenatural. Libertada de tudo o que é terreno, de tudo o que é escravização de si mesma, a alma brilha agora como habitação transparente do Espírito Santo, porque recebeu em si, dentro de suas limitações, toda a natureza divina.
>
> E, por meio desta reconciliação, Cristo quer nascer continuamente nele de modo místico, encarnando-se naqueles que estão salvos. E assim ele faz da alma que o gera, sua mãe virginal.[14]

A doutrina do nascimento de Deus é reassumida pelos padres latinos. Em Ambrósio ela é interpretada menos mística do que asceticamente: tornamo-nos mãe de Cristo pelo cumprimento da vontade divina. Já ao contrário, Agostinho acentua sempre mais o aspecto místico, isto é, o nascimento de Deus "na interioridade tipica-

---

[14] Ib., p. 55s.; citado por Máximo, *Expos. or. dom.* (p. 90, 889 BC).

mente agostiniana do coração":[15] Não devemos ficar vagueando fora, mas voltar ao coração para re-encontrar o Cristo lá. A mística alemã retoma os pensamentos de Agostinho. João Tauler e o mestre Eckhart falam do nascimento de Deus na profundeza do interior e na centelha da alma, um lugar onde não existe nada mais do que o silêncio puro, meta de toda a oração e meditação.

Que a celebração de Maria, Mãe de Deus, lembre esse lugar em nós, onde Deus quer nascer. Que ela abra nossos olhos não para o menosprezarmos, mas para voltarmos lá para encontrar Cristo no íntimo de nosso coração. Se nós o encontrarmos em nós, "estaremos em casa", porque o próprio mistério habita em nós. Celebramos Maria para nos transformarmos espiritualmente em Maria, Mãe de Deus, como proclama Ângelo Silesio no *Cherubinische Wandersmann* (Querubim andante): "Eu devo ser Maria para gerar Deus em mim. Ele vai garantir-me eternamente a bem-aventurança".[16]

---

[15] Ib., p. 61.
[16] Ângelo Silesio. *Der cherubinische Wandermann*, Bremen o.J., p. 4.

III

Anunciação de Maria*

(25 DE MARÇO)

A FESTA DA ANUNCIAÇÃO do Senhor estuda o mistério da nossa redenção sob diversas maneiras:

– Maria como exemplo de fé.
– Maria, imagem da adesão à graça.
– Maria, imagem da nossa realização pessoal.

Queremos ocupar-nos brevemente com esses três aspectos.

Na cena da Anunciação (Lc 1,26-38), encontramos Maria como nossa irmã, que está ao

---

* N.T.: Atualmente na liturgia: Anunciação do Senhor.

nosso lado e, como nós, tenta responder ao apelo de Deus. Maria tornou-se aqui modelo de fé. Nossas irmãs e nossos irmãos evangélicos também podem seguir este ponto de vista. É a visão da Bíblia, principalmente do evangelista Lucas: Ele vê Maria do ponto de vista antropológico e segue o caminho da fé como nós, mas com seu "sim" incondicional passou bem à nossa frente. Junto com esta visão de Maria como nossa irmã na fé, a Bíblia conhece outra, mais simbólica, mas que aliás ocupa o primeiro plano na devoção mariana. João fundamentou essa visão simbólica nas duas cenas em que menciona Maria: nas bodas de Caná e aos pés da cruz.

Nas bodas de Caná, trata-se em definitivo do matrimônio entre Deus e a humanidade, quando Cristo muda a água, sinal do ser humano, em vinho divino. Esse matrimônio consuma-se na cruz, quando Cristo nos dá seu Espírito. Maria é a mãe que nos conduz para esse matrimônio divino. É a mãe de todos os viventes, a mãe da Igreja.[17] É igualmente legítimo

---

[17] Cf. H. Rahner, *Maria e a Igreja*, p. 58.

ver Maria como modelo de fé e mãe da Igreja. Quem prefere ver em Maria sua irmã na fé, pode fazê-lo com a consciência tranquila, sem se sentir coagido a seguir outro ponto de vista. Apenas não deveria condenar os outros que continuam seguindo a visão simbólica de João e projetam em Maria todas as imagens (*arquétipos*) que são desenvolvidas nas festas de Maria.

A festa da Anunciação de Maria nos diz quem Maria se tornou pela ação divina. O anjo do Senhor chama-a de "agraciada" (cheia de graça). O Espírito Santo desce sobre Maria e faz dela o seu templo e habitação. Maria torna-se a contemplada. Está cheia de graça porque agora o Espírito Santo habita nela. Leonardo Boff interpreta a cena da Anunciação no sentido pneumático, isto é, vê nisto principalmente o envio do Espírito Santo sobre Maria. O Espírito Santo repousa não sobre a criança no ventre materno, mas diretamente sobre Maria. O Espírito Santo desce sobre ela e faz nela sua habitação, para que possa trazer o Filho de Deus ao mundo.[18] Ele a

---

[18] Cf. Boff, *A Ave Maria, op. cit.*, p. 53 ss.

torna divina para que também o menino que vai nascer dela seja chamado Filho de Deus.

Se seguirmos essa interpretação de Boff, "o feminino celebra pela primeira vez em Maria o matrimônio com a divindade e encontra sua realização absoluta: o mistério de Deus revela traços femininos; o feminino é habitado por Deus, pelo Espírito Santo".[19] A festa da Anunciação de Maria não levanta especulações dogmáticas sobre esse mistério da descida do Espírito Santo em Maria. Celebra o mistério. E, ao celebrar, deixa também espaço para o mistério. Aí podem "pulular" todos os nossos pressentimentos e sonhos: que Deus se une inseparavelmente conosco e estabelece um novo começo; que esse começo liga-se admiravelmente a uma mulher; que o menino em formação no seu ventre é o Filho de Deus e que nele nasce o divino. Jamais poderemos entender completamente esse mistério, mas podemos tocar nele ao celebrá-lo na Liturgia.

Os padres da Igreja relacionam a figura da Virgem, que gera uma criança, com o mistério

---

[19] Ib., p. 53.

da Igreja, que nos gera como filhos de Deus na fonte virgem do batismo. Assim o Papa Leão descreve o mistério do Batismo:

> Para cada pessoa que vai para o novo nascimento, a água do batismo é uma figura do ventre virginal, pois o mesmo Espírito que fecunda a fonte batismal fecundou também a Virgem.[20]

São Zeno de Verona exorta os catecúmenos:

> Apressai-vos em ir para a fonte, para o amoroso seio da mãe, a sempre Virgem. Isto é renovação, isto é ressurreição, isto é vida eterna.[21]

E Pedro Crisólogo prega:

> Portanto, meus irmãos, o Espírito celeste fecunda o seio da fonte virgem com sua luz mística, para fazer renascer como pessoas celestes e os conduzir para a glória com

---

[20] Sermo 24,3 (PL 54, 206 A), citado em Rahner, *Maria und die Kirche*, p. 69.
[21] Tractatus 33 (PL 11, 479 A), citado ib., p. 72.

seu Criador, todos que a origem do pó da terra fez nascer como terrenos.[22]

Esses textos mostram que os padres da Igreja nunca entenderam a virgindade de Maria no sentido biológico, mas sempre como figura da graça de Deus, da livre ação de Deus, que nos regenera pelo Espírito Santo. A virgindade, portanto, não caracteriza só Maria, mas diz alguma coisa sobre a nossa origem, sobre o mistério de o próprio Deus ter estabelecido um novo começo. Se levarmos avante esta compreensão sobre a virgindade e, partindo da Igreja, olharmos mais para o singular, a figura da Virgem vem a ser uma figura do nosso verdadeiro e próprio eu. A Teologia feminista vê na virgindade a "maioridade integral da mulher" e deduz daí sua autodeterminação.[23] A

---

[22] Sermo 117 (PL 52, 521 B), cit. ib., p. 72.

[23] Cf. E. Wölfel, Erwägungen zu Struktur und Anliegen der Mariologie, em: W. Schöpsdau, *Mariologie und Feminismus*, Göttingen 1985, p. 91. A virgindade "tende para a totalidade fechada em si e, com isso, para a independência da mulher, conquistando autonomia e dignidade" (Ib., p. 89). Catharina J. M. Halkes, uma das mais importantes

mulher não se define a partir do homem, mas se torna fecunda por obra de Deus; por si só, sem a intervenção do homem, gera uma criança divina. A divina criança é símbolo do eu verdadeiro, símbolo de uma figura do eu, que não é determinada pela expectativa dos outros, mas de Deus.

Não devemos interpretar mal, sociologicamente falando, a figura da Virgem, que gera um filho, como se o culto mariano tivesse algo contra o casamento e visse na virgem o ideal da mulher. A Virgem que concebe a divina criança é muito mais uma figura (um *arquétipo*). Pre-

---

representantes da Teologia feminista, escreve: "O conceito de virgem não se refere primariamente à mulher que se abstém de toda relação sexual, mas à mulher que não leva uma vida derivada de outros, como mãe de, filha de, esposa de [...], mas aquela que faz amadurecer em si mesma totalidade, que é intacta como pessoa, que se pertence a si mesma e no fundo do coração está aberta para os outros, para Deus [...]. A virgindade é uma figura do processo de identidade e atualização de si mesmos, não dirigida para provocar separação, frieza e distância entre mim e o outro, não para alardear um relacionamento voltado unicamente para mim mesmo, mas para poder propagar que a vida jorra de dentro, de um núcleo encontrado em mim, do meu eu mesmo" (Catharina Halkes, *Maria, die Frau. Mariologie und Feminismus*, ib. 61 s.).

cisamos interpretá-la psicologicamente. O que também confere à mulher um significado positivo. Vê-se logo que Maria concebe uma criança sem a intervenção do homem. Portanto, a mulher recebe sua vitalidade não do homem, mas de Deus. Não está sujeita ao homem como deseja a sociedade patriarcal, mas pode chegar à maturidade por si mesma e tornar-se fecunda. Esta figura psicológica de Maria mostra ainda uma nova imagem da mulher que também poderia ter perfeitamente efeitos sociológicos. Se a mulher não se define mais a partir do homem, mas encontrou-se a si mesma, então irá também desenvolver na sociedade uma nova relação perante o homem. A virgem que gera uma criança é, seguramente, a mais alta forma de emancipação que se pode imaginar. E essa figura poderia tornar-se para a mulher um estímulo para encontrar sua independência e estatura própria. Mas, também para o homem, a Virgem que concebe uma criança divina é símbolo do seu caminho de identificação. Ele só pode encontrar-se se der espaço ao lado feminino em si, se se tornar fecundo em si por obra de Deus e se fizer crescer de modo materno em si o seu verdadeiro âmago e sustentá-lo. Maria é a Virgem que gera. A virgem não é um símbolo da pureza ou da repressão sexual, mas símbolo do início de uma nova criação. Na Antiguidade a deusa virgem tinha a função de distribuir sabedoria e transformar espiritualmente o ser humano. Maria, a virgem que concebe o Filho de Deus, é a mãe que gostaria de nos transformar. Quer despertar as nossas mais profundas energias espirituais, tirar-nos do puramente natural e dar-nos vida nova. Para Greeley, a Virgem Mãe é uma resposta para a experiência do supérfluo, da monotonia, do tédio, da banalidade que muitos da meia-idade fazem. À pessoa desencorajada e aborrecida com a vida, Maria dá uma nova confiança no sentido do mundo, confiança de "que nele um amor delicado e forte está atuando".[24]

Maria, como Virgem da renovação, dá-nos a esperança de que também para nós é sempre possível um novo começo, como se canta em muitos hinos. Então os espinhos produzem rosas se Maria passa pelo vale dos espinhos; uma rosa desa-

---

[24] Greeley, *Maria*, p. 161.

brocha no frio inverno; desabrocha novo amor no meio de um relacionamento ressequido.

Considerando a festa da Anunciação de Maria como *figura* (*arquétipo*), encontramos na Antiguidade uma figura bem espalhada da virgem que gera o filho da luz. O nascimento por obra do Espírito Santo quer mostrar-nos a essência da própria existência. Não somos apenas filhos de nossos pais, mas nascidos do Espírito Santo, filhos da luz que pertencem à dimensão do Espírito.

A Virgem nos introduz no mistério do Espírito. A mulher é, na Antiguidade, a vidente originária que tira das profundezas a água da sabedoria e nos oferece sabedoria autêntica, sabedoria que vem das profundezas, que vem do inconsciente. Ela é a "Sophia", a mãe do espírito. Na Virgem, encoberta pela sombra do Espírito, é representado um sagrado matrimônio entre Deus e a humanidade, o "hieròs gamos" (matrimônio sagrado), do qual sempre se fala na Antiguidade. O feminino é acendido e fecundado pelo fogo do Espírito Santo.[25]

---

[25] Cf. Neumann, *Die grosse Mutter*, p. 293.

Estas imagens (*arquétipos*) indicam que, em Maria, se cumpriu o anseio da humanidade. Mas também traçam ao mesmo tempo o caminho para a nossa própria encarnação. Levam-nos um pouco mais perto da integralização e transformação de nossa existência terrena para uma espiritual. Nós temos, para falar com o conde Dürckeim, uma dupla origem. A festa da Anunciação lembra nossa origem divina.

A Virgem, que é mãe ao mesmo tempo, é um *arquétipo* do ser humano. Angelo Silesio sabia disso quando escrevia: "A virgindade é um valor, contudo deve tornar-se mãe; se não, é como uma extensão de terra inculta". E em outro lugar: "Se a tua alma for serva e pura como Maria, estará sempre grávida de Deus".[26] Cada um de nós é uma virgem que deve tornar-se mãe e trazer o Filho de Deus ao mundo. Para isso não precisamos nem de homem e nem de mulher, mas de Deus somente. Devemos ser grávidos de Deus. Ele deve fecundar-nos para trazermos a criança ao mundo, nossa própria

---

[26] A. Silesius, *Der Cherubinische Wandermann*, p. 53 e 104.

estatura em sua originalidade e autenticidade. Só encontraremos nosso âmago, nosso eu, se acolhermos a Palavra de Deus e formos engravidados pelo Espírito Santo.

A imagem da Virgem mãe, portanto, lembra-nos nosso contato direto com Deus. Nós não nos definimos a partir dos homens, quer do seu elogio ou do seu desdém, nem somos gerados por suas relações de amor ou influência, mas em cada um de nós há um âmago ou semente em contato direto com Deus. Nosso verdadeiro eu ninguém pode destruir. Há uma criança divina da qual nenhum Herodes se aproxima, embora esbraveje, e que também permanece ilesa na fuga para o desconhecido.

Assim a festa da Anunciação de Maria dá coragem para nos re-encontrarmos. Ela nos mostra nossa verdadeira natureza, nossa liberdade. Ela faz brilhar em nós o amor de Deus, preocupa-se conosco com tanta intensidade que cada um de nós torna-se capaz de gerar o amor de Deus.

IV

VISITAÇÃO DE MARIA

(2 DE JULHO)

A festa da Visitação de Maria tem sua origem na devoção mariana da Ordem Franciscana e foi introduzida em 1263. Goza de grande popularidade. A cena em que se encontram as duas mulheres, Maria e Isabel, convida simplesmente para meditar sobre ela e celebrá-la. A festa faz com que essa cena perdure em nosso pensamento por um dia inteiro. Não devemos apenas nos deter na narrativa da escrita no Evangelho, mas, ao contrário, ir além dessa cena, imaginando como são os nossos encontros. A festa, que a Igreja evangélica também conhece, corresponde a um profundo anseio por um encontro autêntico. Por isso o encontro entre Maria e Isabel exerce um grande fascínio, porque todos nós ansiamos por poder encontrar uma pessoa assim, de modo que alguém pule de alegria em nosso íntimo, de modo que conheçamos o mistério do outro e nos tornemos um só com o outro, assim como os artistas da Idade Média interpretavam essa cena.

Beda, o Venerável, vê Maria aqui como a "portadora do Logos, que vai sobre os montes com a Palavra eterna no coração".[27] É a figura da alma que acolhe Cristo em seu coração e, levando Cristo no coração, transpõe as montanhas mais altas com largos passos de amor. Quem leva Cristo no coração pode, segundo Beda, superar muitos empecilhos. Em Cristo temos a fonte do amor em nós e podemos transpor as montanhas que nos separam uns dos outros. O amor de Cristo nos impele para o outro. E nos mostra o caminho para ele, superando todos os montes que nos dividem. Para Beda o nascimento de Deus no coração dos fiéis é a condição para que duas pessoas possam encontrar-se, como fizeram Maria e Isabel.

---

[27] Cf. Rahner, *Symbole der Kirche*, p. 67.

Se duas pessoas se encontram realmente, tornam-se outras e saem outras do encontro. O encontro as transforma. É isto que a cena de Lucas (1,39 ss.) quer mostrar-nos. Maria põe-se a caminho para visitar Isabel. Nisso não tem quaisquer outras intenções, não se propõe a ajudá-la nem a contar alguma coisa. Quer simplesmente encontrar Isabel. A pessoa basta para ela. Quer encontrar-se com ela, como pessoa.

Quando eu conversava sobre esse texto num grupo de jovens, contaram-me de modo espontâneo como é raro entre eles um encontro verdadeiro. Vão até a amiga para tomar um café com ela, para ter alguém com quem conversar, com quem poder "especular". Portanto, a gente quer alguma coisa do outro. A gente não quer o outro, mas alguma coisa dele. A gente tem alguma intenção com ele. Maria, ao contrário, não tem intenções com Isabel. Quer apenas encontrá-la como pessoa.

O que acontece entre Maria e Isabel poderia acontecer em cada encontro genuíno. Então uma acorda o menino que está no ventre e o faz pular. Uma mulher reconhece na outra o seu mistério, que lhe está acima, e então uma se encontra com o próprio Cristo na outra. A pessoa não vê mais a outra como uma concorrente, na qual cresce o receio de a outra ser bem melhor que ela, mais estimada por Deus e mais digna. Ela não está sob a pressão de dominar a outra, de ganhá-la para si, de precisar cobrar dela ou do medo de ser cobrada por ela.

Ele se encontra com o mistério do ser humano e, nele, encontra seu próprio mistério. Não vem ao caso saber quem lucra mais nesse encontro. Cada um fica satisfeito porque readquiriu vitalidade e do encontro saiu transformado.

A festa da Visitação de Maria é tão popular porque anseamos por um encontro assim. A festa dá-nos a esperança de que nós também podemos ter esse encontro, no qual um desperta o outro para a vida. Então ficaríamos imaginando o que o outro pensa de nós. Ficaríamos livres da obrigação de ter de mostrar para o outro o nosso valor, livres do receio de sermos rejeitados pelo outro. Iríamos reflorescer, ter parte na riqueza e no mistério do outro e trocar presentes. Iríamos tocar mutuamente naquilo que nos ultrapassa. E é justamente o que desejamos ardentemente: que o encontro com o outro seja tão denso a ponto de entrar em contato com o próprio Deus, de tocar num mistério que abre para nós uma nova dimensão de vida.

Sigamos, porém, passo a passo esse encontro. Maria se põe a caminho. Ela se levanta e sai de si mesma, da sua casa onde vive protegida e abrigada. Ousa percorrer seu próprio caminho, e este caminho a leva para o desconhecido. Lá está desprotegida, sem o apoio dos pais. Maria transpõe uma alta montanha para chegar até Isabel. Entre nós e o outro frequentemente há montanhas de preconceitos e empecilhos, montanhas de pensamentos que nos impedem de chegar até o outro: não sabemos se ele vai ter tempo, se nossa visita vai encontrá-lo disponível, se nós vamos ser um incômodo para ele, se vamos encontrar as palavras acertadas e assim por diante.

Precisamos transpor a montanha de nossos medos e bloqueios e os montes de nosso comodismo para chegar realmente ao outro. Quando tivermos saído de nós mesmos, então conseguiremos aproximar-nos do outro, como está representado em algumas pinturas. Então encontramos no outro o mistério de Deus que supera sua inteligência. Agora reconhecemos ter encontrado a Mãe de Nosso Senhor. E desse encontro desperta em nós alguma coisa que ajuda a viver. O menino que está em nós pula; no outro, tocamos em nosso âmago. No encontro com o outro, encontramo-nos conosco mesmos, entramos em contato com a origem incorrupta e autêntica do nosso ser.

Ao mesmo tempo, num encontro autêntico, abre-se para nós o mistério do outro. Percebemos quem é ele realmente, percebemos que nele a mãe de Nosso Senhor vem a nós, que o mistério mais profundo do outro é o próprio Cristo. E assim, no encontro com o outro, tocamos no próprio Deus. O encontro autêntico faz os dois tocarem sempre num mistério que os ultrapassa: liberta densidade e presença, a ponto de o próprio Deus tornar-se experimentável. Num encontro assim, ficamos livres de todas as preocupações angustiantes: se encontramos as palavras adequadas ou se fazemos bela figura. O encontro deixa para trás o campo sobre o qual nos medimos mutuamente: para ver quem é o mais forte ou o melhor, mais maduro ou mais sábio. Encontramos o mistério do outro e, nele, o nosso próprio mistério. Saímos beneficiados e transformados.

O encontro termina no louvor. Primeiro Isabel louva Maria: "Feliz aquela que acreditou" (Lc 1,45). Professa o mistério de Maria e o introduz na conversa. Enquanto bendiz Maria, ela mesma se aviventa, o menino salta de alegria dentro dela. Maria continua o elogio e o dirige a Deus. Exalta a grandeza do Senhor e se rejubila em Deus, seu Salvador. No encontro com Isabel, desvenda-lhe o mistério da sua própria vida. Compreende de vez o que aconteceu nela, o que Deus operou nela. E compreende plenamente o mistério do mundo e de Deus. Tudo se torna claro e transparente diante de Deus. Deus é quem, com seu braço, realizou obras poderosas em toda a parte. Ele tem o destino do mundo na mão e derruba os poderosos do seu trono.

A Teologia feminista e a Teologia da Libertação entenderam igualmente o *Magnificat* de Maria como o "hino de guerra" contra a opressão e a injustiça. Para a Teologia feminista é relevante ter sido uma mulher a cantar esse canto de libertação. Maria exprime em seu canto a esperança de que Deus reverte as situações de poder e cria para todos os oprimidos, para as mulheres em particular, novas possibilidades de vida.[28] Catharina Halkes denomina o *Magnificat* uma "bomba de dinamite", que a Teologia feminista quer fazer explodir para quebrar as estruturas rígidas e os modelos de interpretação patriarcal. Como Maria, assim as mulheres teriam hoje a tarefa de denunciar a injustiça e a opressão. Pois elas têm mais "faro" para perceber o que é bom para o ser humano e o que ele precisa para seu crescimento e amadurecimento.

A Teologia latino-americana da Libertação vê no *Magnificat* o canto do povo pobre, um canto de esperança – Deus é o Senhor e vai quebrar as estruturas deste mundo –, e ao mesmo tempo um canto de protesto, um grito contra a opressão. Maria não é uma mulher que vive em paz, que concorda com tudo, mas é aquela que protesta. Os pobres do Brasil

---

[28] Cf. Halkes, Maria, die Frau, p. 64.

podem identificar-se com ela. E a impressão de que Maria está do seu lado, que grita com eles contra a injustiça, encoraja-os para não se entregar e os impede de atirar-se numa luta violenta pela libertação. A confiança em Deus que "despede os ricos de mãos vazias" lhes dá fôlego para esperar uma virada de Deus, virada pela qual se precisa lutar, não com a violência, mas com as armas da oração, pois somente ela pode mover a mentalidade dos ricos. A oração dá aos pobres do Brasil a confiança de que Deus vai olhar para a sua humildade e pobreza e compadecer-se deles.

O *Magnificat* não é somente o hino dos sociologicamente pobres, mas também dos pobres em espírito, dos pobres no sentido do Antigo Testamento, que se reconhecem pobres perante Deus, que sentem seu afastamento de Deus, que na sua vida espiritual se deparam sempre de novo com sua fraqueza, sua incapacidade para viver segundo a vontade de Deus com as próprias forças. Para eles este canto é um canto de confiança e de liberdade. Manifestam sua fé nisto: Deus faz grandes coisas neles, sua força se realiza na fraqueza deles, Ele aplaca sua fome. Assim re-encontram-se neste canto todos os que, no caminho para Deus, esbarram em seus limites, nos limites da injustiça e pobreza social, mas também nos limites da própria pecabilidade e fraqueza. Com Maria, sentem-se unidos neste canto, e com Maria podem aceitar sua situação e ao mesmo tempo esperar que Deus se compadeça deles e neles faça grandes coisas.

V

FESTA DA ASSUNÇÃO DE MARIA AOS CÉUS*

(15 DE AGOSTO)

A FESTA DA ASSUNÇÃO de Maria ao céu é uma festa da nossa esperança. Celebramos em Maria uma de nós que já chegou ao seu destino, que foi assunta ao céu em corpo e alma. Maria é uma de nós. Naturalmente Jesus também é um de nós. E a festa de sua ascensão ao céu poderia bastar para nos lembrarmos de nosso futuro no céu. Jesus contudo foi, como Filho de Deus, arrebatado da comunidade humana. Maria, entretanto, não difere de nós em nada.

---

* N.T.: A celebração litúrgica passou para o domingo após o dia 15.

Quando, referindo-nos a Maria, queremos falar da consumação da sua glória, podemos dizer dela só o que professamos também como nossa esperança: a ressurreição da carne e a vida eterna.[29] Exaltamos nesta festa "a grandeza exuberante da glória eterna e sobrepujante a tudo, que nos deve caber como partilha, e na exaltação de Maria, a grandeza reservada a cada um como a misericórdia da graça de Deus imaginou.[30]

Na verdade a festa como tal não deriva da Bíblia, mas tem uma longa tradição. Na Igreja Oriental foi celebrada logo depois do Concílio de Éfeso, realizado no ano 431. No fundo ela só quer exprimir em figura o que a Bíblia promete para todos nós. Ilustram-na as palavras de Paulo:

Sabemos, com efeito, que se esta tenda – nossa morada terrestre – vier a ser destruída, temos uma casa que é obra de Deus, uma morada eterna, que não é feita por mão de homem e que está nos céus (2Cor 5,1).

---

[29] K. Rahner, *Maria Mutter des Herrn*, p. 93.
[30] Ib. p. 93.

E ainda:

Quanto a mim, já estou para ser oferecido em sacrifício, e o momento da minha partida chegou. Empenhei-me no bom combate até o fim, terminei minha carreira, guardei a fé. E agora está preparada para mim a coroa da justiça; o Senhor, justo Juiz, me dará naquele dia esta coroa, e não somente a mim, mas a todos que tiverem aguardado com amor sua manifestação gloriosa (2Tm 4,8).

C. G. Jung considera a proclamação do dogma da Assunção corporal de Maria ao céu "o mais importante acontecimento religioso desde a Reforma".[31] Ele acha que deveríamos interpretá-lo psicologicamente, e não de modo histórico-sistemático. É perfeitamente elucidativo quando estudado psicologicamente. Ele retira do fundo do inconsciente coletivo as imagens e aspirações sobre o mistério da encarnação e dá-lhes expressão. Eis por que este dogma é sumamente atual.

---

[31] C. G. Jung, *Gesammelte Werke*, vol. XI, Zurich 1963, p. 498.

Jung censura a visão protestante que rejeita o dogma por motivos histórico-sistemáticos, pois "perdeu o contato com os fortes desenvolvimentos dos *arquétipos* na alma de cada um em particular, como da massa".[32]

> Parece ter caído num historicismo racionalista e perdido o discernimento do Espírito Santo que age no recôndito da alma. Com isso ele ativa o fôlego de uma religião masculina vazia que não conhece a representação metafísica da mulher. Está claro que o protestantismo não considerou suficientemente os sinais dos tempos que preconizam a igualdade de direitos da mulher. A igualdade de direitos exige sua ancoragem metafísica na figura da "mulher divina", a esposa de Cristo.

O dogma satisfaz o anseio de superação dos antagonismos entre o homem e a mulher, que impregnam a alma de uma tensão perigosa e levam-na para o cansaço e a agitação. Não podemos remediar a tensão com recursos naturais,

---

[32] Ib., p. 496. *Die folgenden Zitate ib.*, p. 497 s.

por isso precisamos de símbolos como esse que representa a acolhida de Maria no céu. Ao celebrar a festa da Assunção de Maria, algo se move em nossa alma, os contrastes entre o homem e a mulher se equilibram sem percebermos como isso acontece. O processo se desenvolve inconscientemente. Desta maneira, chegamos um pouco mais perto de nosso eu que une em si Deus e a humanidade, o homem e a mulher.

Além do processo de identificação que, segundo C. G. Jung, é o objetivo principal da festa, os padres da Igreja acentuam outro aspecto: a santificação do nosso corpo. Assim diz Efrém, o sírio, numa pregação:

> O filho que eu trazia arrebatou-me debaixo de suas asas de águia e transportou-me pelos ares até as alturas. E Maria diz a Jesus: "Na verdade, tua irmã sou eu, pois o antepassado de nós dois é Davi. Tua mãe sou eu porque te concebi. Tua desposada sou eu, porque me compraste com o preço da tua morte e queres regenerar-me pelo Batismo. O Filho do Altíssimo veio e repousou no meu seio. E eu me tornei sua mãe. Nascido de mim, ele me gerou num novo nascimento, pois envolveu a mãe com nova vestimenta: ele se reves-

tiu com sua própria carne e ela se envolveu no mesmo esplendor solar dele.[33]

Assim como o corpo de Maria está envolvido pelo esplendor solar de Cristo, assim nossa carne será mergulhada na luz de Cristo após a morte e compenetrada por ela. Na Assunção de Maria celebramos, pois, com Maria, nosso próprio fim e destino feliz, nossa acolhida no céu, nossa transfiguração por obra de Cristo. Os padres da Igreja representam isto na figura da lua que aplicam à Maria como atributo. Assim como a lua recebe a luz somente do sol, também Maria em sua morte fica mergulhada eterna e imutavelmente na luz do Sol, Cristo. Do mesmo modo, dizem os padres, a Igreja vai voltar para a Luz solar de Cristo, "na transfiguração final da carne".

Maravilhoso novo nascimento como a juventude da águia ser iluminado pela Luz de Cristo, do sol transfigurado da bela eter-

---

[33] Sermo 11 e 12 (Opera syrice et latine II, Rom 1740, 429 s.), citado em: Rahner, *Maria und die Kirche*, p. 199.

nidade: todas estas imagens reluzem quando os padres da Igreja falam da eterna juventude da Igreja. Assim diz Agostinho sobre a Igreja: "Naquele dia, onde ela for elevada – para reinar com Cristo no esplendor luminoso da ressurreição da carne, será conforme a juventude da águia que se renova após o envelhecer. Depois ela paira nas alturas como antes, realiza-se nela a ressurreição – aí está a figura da ressurreição. Assim é a figura da lua, que diminui (na minguante) e parece morrer (na lua nova), para depois renascer (na crescente) até chegar à luz plena (lua cheia) – veja, aí está outra figura da ressurreição".[34]

Em todos estes textos Maria é vista como figura da Igreja e de cada um de nós. Se a sua carne já tem parte na glória celeste, isto é uma promessa para nós também. Assim como seremos recebidos com corpo e alma no fim de nossa vida. Com o corpo, ou seja, com todas as experiências e vivências que tivemos aqui na terra. Serão elevadas e levadas para o céu. Não se desvanecerão

---

[34] Ib., p. 12. *Das Augustinuszitat aus*: Enarr. in *Psalmos* 102, (PL 37, 1323 s.)

simplesmente, mas serão conservadas por toda a eternidade. A palavra "corpo" significa também nossa carne, contra a qual frequentemente nos rebelamos, porque ele nos expõe diante dos outros de um modo que preferiríamos escondê-lo. Nele, no corpo, ficaremos visíveis para os outros, reconhecíveis, transparentes diante dos outros. Não podemos disfarçar nada. Cada um pode ler em nosso corpo como vamos indo, onde somos rígidos, onde nos apoiamos, onde estamos reprimindo. Nossas doenças revelam nossa situação interna, nossos dissabores, nossa frustração, nossa desunião e nosso descontentamento. Este corpo que descobre aos outros sem compaixão quem somos e como nos sentimos na verdade será refeito em Deus, transfigurado e penetrado pela sua glória.

Hoje o corpo é idolatrado por muitos. Esperam dele uma vitalidade intensa das suas experiências sexuais. Para alguns parece que somente isso promete a verdadeira vida. Mas ficam cada vez mais frustrados. O corpo é transitório e não retém nada do que promete, se estiver separado do espírito. Por isso precisa sempre de novas experiências sexuais para ao menos sentir-se com vida. Esse corpo, endeusado e rebaixado ao mesmo tempo, foi acolhido no céu em Maria. Está com Deus. Assim a Assunção de Maria é uma festa alegre e cheia de esperança, uma festa que restaura o corpo, que restaura a vida, porque já venceu a morte. Nosso corpo está elevado e salvo para sempre na vida de Deus.

Que imagem positiva do ser humano nesta festa! Que dignidade ela confere ao nosso corpo, que chance para nós, para nos reconciliarmos com nosso corpo, afeiçoar-nos a ele como nosso parceiro mais importante no caminho espiritual! Se o nosso corpo foi chamado para isso, para ser assumido no céu, devemos andar bem com ele. Ele já é agora um templo do Espírito Santo como em Maria. E no céu será totalmente penetrado pelo Espírito Santo. Ficará arrebatado em Deus, transformado por Deus. Karl Rahner descreve assim o mistério da festa:

> A pobre carne, que alguns odeiam e os outros adoram, já está dignificada para ficar sempre com Deus e, assim, eternamente salva e confirmada. Não somente no Filho de Deus Pai que vem "lá do alto", mas também numa pessoa da nossa raça que, como

nós, era "daqui de baixo". A "existência" no aqui e agora da carne, tema de toda Filosofia moderna, não é o muro que nos separa para sempre de Deus e nos torna eternamente "ateus", e nem aquilo que devia ser abolido (se bem que deve ser "transformado") para chegar a Deus. Antes, a carne foi criada pelo Pai acima de todos os abismos (do pecado), remida pelo Filho, santificada pelo Espírito Santo e também já está salva para sempre.[35]

Rahner viu na proclamação do dogma da Assunção de Maria ao céu uma resposta às questões da Filosofia existencialista. Hoje o consciente das pessoas está marcado por outras correntes. O movimento da meditação e a onda esotérica colocaram de algum modo o corpo no centro. O corpo é visto na sua permeabilidade em confronto com forças supraterrenas e sobrenaturais. A festa quer dizer-nos que: não são somente as vibrações etéreas que refinam e espiritualizam o corpo, mas sim a glória de Deus que quer re-espelhar-se nele.

---

[35] Rahner, *Maria, Mutter des Herrn*, p. 94.

A Assunção de Maria desenvolve o que a festa da Epifania celebrou: a manifestação de Deus em nossa carne. Nossa carne é capaz de refletir novamente a glória de Deus. Um dia o abade João Eudes de Bamberg deu como tarefa para Henri Nouwen meditar sobre a sentença "você é a gloria de Deus" e com ela "andar grávido" um dia inteiro. Esta é a mensagem desta festa. Ela quer levar-nos para uma experiência diferente em nossa vida: Nosso corpo é belo, é diáfano para a glória de Deus. Tornou-se digno, pela encarnação de Jesus, de trazer Deus dentro de si. Está destinado para isso, para ser transformado por Deus, que, aliás, vai valer também para nós o que Mateus fala de Jesus transfigurado: "Seu rosto brilhava como o sol, e suas vestes ficaram brancas como a luz" (Mt 17,2).

Contudo esta mensagem precisa também defrontar a situação do enfermo, com o corpo desfigurado e consumido por úlceras cancerosas. O corpo enfermo também é chamado para a glorificação final. Não é menos valioso para Deus. Pelo contrário, para ele vale a experiência que Paulo fez com seus achaques físicos: "Embora o homem exterior vá caminhando para a ruína, o homem interior se renova dia por dia" (2Cor 4,16). Não se trata tanto do culto superficial que prestamos ao corpo, quando exaltamos a Virgem Assunta, mas da intuição de que nosso corpo, justamente em sua fragilidade, está aberto para a glória de Deus, que supera todo o entendimento.

Em Maria uma parte da criação foi acolhida no céu. A festa da Assunção tem também um significado cósmico. Maria é vista como o grande sinal no céu: "Um grande sinal apareceu no céu: uma mulher vestida de sol, a lua debaixo dos seus pés, e na cabeça uma coroa de doze estrelas" (Ap 12,1). Maria está, pois, adornada com imagens cósmicas. O sol é símbolo de Deus, a lua em sua forma minguante e crescente é símbolo da caducidade humana. Maria tem os pés sobre a lua.

> Aqui continua vivo o antiquíssimo, jamais esquecido, pressentimento de que, além da lua e sua mutabilidade afinando para a tristeza, está o Reino tranquilo e imutável do Espírito, de onde provém as almas e para onde elas anseiam voltar.[36]

---

[36] H. Rahner, *Symbole der Kirche*, p. 163.

Maria é para a Igreja sinal da esperança de que o cosmo seja transformado e transfigurado, e a beleza de Deus novamente refletida.

Em Maria uma parte da criação já foi transformada. O costume referente à bênção das ervas já nos primórdios da Idade Média é um sinal da crença no significado cósmico da assunção de Maria ao céu. Nessa ocasião, não se benzem flores, mas somente ervas comestíveis e medicinais. A bênção das ervas na festa de Maria Assunta ao céu quer abrir nossos olhos para a criação, através da qual Deus fala conosco. Pela encarnação de Deus em Maria, toda a criação foi curada, e assim pode tornar-se novamente nossa salvação, se utilizarmos de maneira correta suas forças curativas. Enquanto a humanidade foi excluída da árvore da vida pelo pecado de Eva, Maria abriu-lhe novamente o caminho para as ervas da vida.

Em Maria não vemos apenas a glória que Deus prepara para nós. Ela nos abre os olhos também para a glória de Deus, que se irradia para nós na criação. De Maria desce uma luz sobre a criação. Se o seu corpo está transfigurado, também uma parte da criação está transfigurada. E assim, num ponto, nossa criação está aberta novamente para a beleza que Deus imaginou para todo o cosmo, quando ele o transformar em si na morte. Que a Assunção de Maria atinge o mundo todo, Anselmo de Canterbury exaltou numa pregação:

> Céu e estrelas, terra e rios, dia e noite, tudo o que foi determinado para estar sujeito ao ser humano e lhe ser útil, todos se felicitam, Senhora, porque por meio de ti foram despertados novamente para a antiga beleza perdida e beneficiados com uma nova e indizível graça [...]. Pressentem o próprio Deus, seu Criador, não só como rei invisível e senhor soberano, mas o enxergam visivelmente no meio deles, vendo como ele os utiliza e os santifica [...]. O' Senhora, cheia e repleta de graça, a criação está toda banhada pela tua abundância exuberante e brilha de um tenro verdor. O' bendita, Virgem bendita acima de qualquer medida! A bênção sobre ti vai para toda a natureza. A criação é abençoada pelo seu Criador e ele é exaltado pela sua criação.[37]

---

[37] Oratio 52 (PL 158, 955s.), cit. em: *Lekionar zum Stundenbuch* I\1, Freiburg 1979, p. 241.

VI

NATIVIDADE DE MARIA

(8 DE SETEMBRO)

EM SETEMBRO, no espaço de uma semana, a Igreja celebra três festas marianas, fortemente arraigadas na religiosidade popular: Natividade de Maria, Nome de Maria e as Dores de Maria. As três festas não derivam da Bíblia. São festas tradicionais que surgem da necessidade do povo de contemplar e celebrar o mistério da redenção, com imagens sempre novas. Sempre se trata do mesmo mistério de Deus que se fez homem, que nasceu de uma mulher. Esta mulher tem um aniversário como nós, traz um nome como nós e padece dores como nós. Que Deus tenha nascido de um ser humano como nós nunca se pode entender com a razão, pode-se tão-somente meditar sempre mais, deslumbrar-se, desenhar na fantasia e na festa representar e celebrar.

Maria e João Batista têm em comum a celebração da festa do nascimento. O motivo está claro em ambos. A Igreja celebra seu nascimento, não para honrar o ser humano como tal, mas porque vê a ação de Deus já no nascimento. Deus escolheu Maria como instrumento. Não é merecimento seu tornar-se mãe de Deus, mas sim graça de Deus. André de Creta diz assim numa pregação sobre a festa:

> Eis o sentido da festa de hoje que põe em realce o nascimento da Mãe de Deus e nos chama a atenção para a união do Verbo divino com a Carne. Uma virgem nasce, é cuidada, educada e formada para ser Mãe de Deus, o rei das eternidades. Toda a criação, pois, cante, dance e contribua com alguma coisa digna deste dia. Que o dia de hoje seja uma festa que une em comum o céu e a terra. Tudo o que existe na terra e acima da terra deve concelebrar. Hoje foi erigido o santuário para receber o Criador do univer-

so. A criação preparou para o Criador uma habitação nova e digna.[38]

A Igreja celebra o nascimento de Maria para enaltecer o fato de o mistério de Deus ter dignificado uma mulher para ser a Mãe de Deus. Alegrando-se com o nascimento de Maria, a Igreja se rejubila com a obra divina, com o início da salvação estabelecida por Deus. Já que só se pode descrever a ação de Deus por meio de suas obras, colocamos diante de nossos olhos a figura do nascimento de Maria. Só se pode celebrar Deus de forma concreta. A celebração do nascimento de Maria concretiza a ação de Deus para o povo. Tem, portanto, pouco sentido discutir se esta festa é necessária ou não. Como a ação divina em nós é um extravasamento de seu amor exuberante, também a Igreja quer ser pródiga no louvor a Deus. Na festa do nascimento de Maria há qualquer coisa de "jocoso" na Graça.

---

[38] Oratio, PG 97, 805 ss., cit. Ib..I\7, Freiburg 1979, p. 241.

A festa do nascimento de Maria é, entre todas as festas marianas, a festa que mais se caracteriza como jogo da graça divina. A própria Palavra criadora de Deus, no jogo da escolha da graça, transformou-se exatamente em parceira do homem.[39]

---

[39] G. Voss, Festtage der Mutter Gottes, em: W. Beinert, *Maria heute ehren*, Freiburg 1977, p. 167.

VII

NOME DE MARIA

(12 DE SETEMBRO)

Aqui também se pode perguntar qual o significado desta festa. Mas só é compreensível a partir da interpretação livre e exuberante da Liturgia. O povo gosta de celebrar sempre com novas nuances a ação salvífica de Deus, que se reflete da maneira mais clara e bela em Maria. Um reflexo assim do amor de Deus é o Nome de Maria. "Nomen est omen" (o nome é um presságio), diziam os latinos. O nome já diz alguma coisa do seu usuário. Há diversas interpretações do nome Maria.

O nome Maria deriva de duas raízes, uma egípcia e outra hebraica. Myr no Egito significa amada, enquanto em hebraico é uma abreviação de Jawe. Assim, Maria ou

Mirjam significa "amada de Javé" ou "muito amada de Deus".[40]

Maria é, pois, a amada de Deus. Deus a escolheu para ser Vaso do Espírito Santo e Mãe de Deus.

As outras mulheres não devem sentir-se rebaixadas com esta predileção dada a Maria. Deus Pai quer mostrar em Maria – ou seja, já dentro da História – o que tem reservado para as outras mulheres, segundo o modelo de Maria. Os aspectos femininos da criação foram elevados nas dimensões de Deus. Por Maria e em Maria, a bem amada, Deus nos dá a conhecer seu rosto feminino, virgem e materno.[41]

Conforme outra etimologia, Maria pode significar "a exaltada e sublime". Na Tradição o termo "Maria" foi derivado de outras palavras. A palavra hebraica "mar" quer dizer amargo; "jam" significa mar. Maria se chamaria então "mar de

---

[40] Boff, *A Ave Maria*, p. 43.

[41] Ib., p. 44.

amargura". Seria uma alusão à "Mãe dolorosa" que participa do sofrimento de Cristo.

Outros derivam Maria de "mir", que significa "iluminador". Então Maria seria a iluminadora do mar ou, como foi chamada pela tradição, "Estrela do mar". Bernardo de Claraval diz desta Estrela do Mar: "Experimenta tirar Maria, esta Estrela do mar, do grande e vasto mar! O que sobra além da treva avassaladora que tudo envolve nas sombras da morte e da escuridão cerrada".[42] Na religiosidade popular foi muito apreciado o canto "Salve, Estrela do mar", traduzido do hino "Ave, maris Stella" do século VIII.

Vejamos algumas imagens (*arquétipos*) sobre Maria. Mar é uma figura dos perigos que nos ameaçam, do abismo no qual podemos sucumbir e do inconsciente que nos quer devorar. Quando cantamos o hino "Ave maris Stella" ou o canto "Salve, estrela do mar", não é preciso especular teologicamente sobre as imagens. É preferível perguntar que efeito um hino desse produz em nós. Então camadas inconscientes

---

[42] Citado em Voss, Festtage, p. 166.

são ativadas em nosso interior. Cresce em nós o anseio de um refúgio derradeiro em todos os perigos, o anseio do amor materno de Deus que nos ampara com mãos amorosas e ternas também nas ameaças do mar. Pode-se experimentar o cuidado materno de Deus em todas as situações da nossa vida e em todas as trevas que sobem do inconsciente.

Quando a Igreja evangélica canta algum hino do seu rico repertório, surte um efeito semelhante. Também lá, muitos mal compreendem o texto. Enquanto, porém, cantam seus hinos familiares, algo lhes toca emocionalmente e logo se sentem melhor. Participam da experiência de Deus, daquela experiência que desde muito tempo esse hino despertou em muitos fiéis, a experiência de um esconder-se em Deus, que não conseguimos transmitir com termos teologicamente precisos, mas somente por meio de imagens espontâneas e genuínas, como as empregadas nos hinos marianos.

VIII

COMEMORAÇÃO DAS DORES DE MARIA

(15 DE SETEMBRO)

O DIA COMEMORATIVO das Dores de Maria apresenta Maria como uma mulher provada pelo sofrimento. A festa nos oferece a possibilidade de uma identificação com nossas dores e feridas. Comemoramos os sofrimentos de Maria para encontrar uma expressão adequada para os nossos. A tradição atribuiu a Maria sete dores:

1. A profecia de Simeão (Lc 2,35).
2. A fuga para o Egito (Mt 2,13-15).
3. A experiência do estranho testemunho de Jesus (Lc 2,48s.).

4. Jesus chorado pelas mulheres no caminho do Calvário (Lc 23,27).

5. A crucifixão de Jesus (Lc 23,33) com sua Mãe aos pés da cruz (Jo 19,25), como cumprimento da profecia de Simeão.

6. O Corpo de Jesus descido da cruz (Jo 19,38), nos braços da sua Mãe.

7. O sepultamento de Jesus (Jo 19,40-42).[43]

Nas sete dores podemos re-encontrar e exprimir nossos desenganos, nossas dores e nosso luto. Uma espada também traspassa frequentemente nossa alma, quando alguém nos desengana ou machuca, quando Deus exige de nós alguma coisa que se cruza com nossas ideias. A fuga para o Egito é sinal do desconhecido para onde precisamos fugir. Sentimo-nos rejeitados, estranhos, desprotegidos, anônimos; somos caçados, afastados, tidos como um peso. Para muitos esta é a descrição de uma situação interna, mas para muitos fugitivos e refugiados

---

[43] G. Voss, Gedenktage Mariens, em Beinert, *Maria heute ehren*, p. 205.

vem a ser sua situação real. Eles podem identificar-se com Maria, e a festa das Sete Dores pode ajudá-los a não se entregar; em Maria, apoiar-se em sua identidade e com ela esperar por uma vida nova.

Quão frequentemente ficamos sem compreender nossos parentes e nossos melhores amigos. Pressentimos que neles há alguma coisa que não atingimos, um inter-relacionamento divino, diante do qual temos de nos calar respeitosamente. Devemos reconhecer que o outro deve estar não conosco, mas na casa do Pai. Maria se encontra com Jesus no caminho da cruz, no caminho da humilhação e da ignomínia. Quantas vezes ver sofrer as pessoas queridas, ter de assistir impotente ao lado delas, enquanto o outro é crucificado e morre, enquanto o câncer reduz a nada todas as esperanças, é mais difícil do que sentir a própria dor. Para Maria não resta mais nada do que tomar no colo Jesus morto, seu Filho querido, em quem valeu depositar um futuro grandioso, ele que prometeu tanto. Mas tem de levar para a sepultura as suas esperanças.

Na festa das Sete Dores de Maria, podemos aceitar nossas dores, desabafá-las diante de Deus. Não devemos obrigar-nos a superá-las na fé ou mesmo sufocá-las. Podemos sentir-nos impotentes, sós e incompreendidos. Contudo, não devemos sepultar-nos nas dores, mas ver nossa dor nas dores de Maria e apresentá-las diante de Deus com Maria. Vendo nossa dor em Maria, ela pode também ser curada.

A festa das Dores de Maria exerce em nós um efeito semelhante quando contemplamos a Paixão de Jesus. Contudo, ela representa um aspecto diverso da nossa experiência dolorosa e da superação do sofrimento. Mostra-nos maneira feminina de lidar com a dor. Ela se distingue da maneira masculina de reagir ao sofrimento. A mulher procura compreender o sofrimento, ir até o fundo, penetrando nele e suportando-o amorosamente, até nascer algo de novo, enquanto o homem o assume de maneira mais ativa, suporta-o e resiste. Porta-se no sofrimento como numa luta pelo poder e tenta sair vitorioso dele. Maria supera o nível da luta pelo poder. Neutraliza o sofrimento com seu amor materno. Não foi a luta, mas o amor que se mostrou mais forte.

O povo se re-encontrou em Maria sofredora. Muito popular foi a estátua da Pietá. Durante a Idade Média surgiram numerosas "imagens vespertinas". Maria é representada como uma mãe dolorosíssima, com seu Filho morto nos braços. Esta imagem deu a todos, homens e mulheres, a possibilidade de olhar para a sua própria dor e saber que foi acolhida junto de Deus, o Deus materno. Ver as próprias experiências dolorosas, reproduzidas numa imagem sagrada, consola e elimina o impenetrável da dor, o absurdo, o que isola, o que deprime.

Isto foi o que a comunidade evangélica de Irmãs (CCR) experimentou em Schawanberg. Quando algumas Irmãs ficaram doentes, e a comunidade se defrontou mais do que antes com o fenômeno da doença, foi exposta uma "Pietá" na capela, como sinal de que a sua situação ficou representada e mergulhada na compaixão materna de Deus.

Na Pietá deparamos com nossa sensibilidade. Não podemos contemplar a Pietá sem romper a couraça dos sentimentos. O olhar para a Mãe dolorosa nos encoraja a nos abrir ao sofrimento de nosso próximo e nos expor ao risco da ofensa. Ele nos torna acessíveis ao próximo que procura ajuda, mas guia também nosso olhar para o chagado e morto em nós. Como Maria, devemos tomá-lo amorosamente nos braços a fim de que possa ressuscitar para a nova vida. Mas ao mesmo tempo sabemos estar sendo sustentados em nossas dores pelos braços maternos de Deus e confortados e reconciliados com nossas dores, e podemos voltar novamente à vida.

A Pietá tem Jesus morto em seus braços. Esta é uma figura daquilo que nos espera na morte: iremos morrer nos braços amorosos do Deus materno. Na hora da morte não seremos mergulhados num mundo estranho, sombrio e excludente, mas acolhidos pelos braços carinhosos de uma Mãe. Porque Maria nos tira o medo da morte. Isto é certamente mais um motivo por que os idosos gostam de rezar o rosário, no qual encontram paz e segurança. Se rezarem sempre e sempre "Santa Maria, Mãe de Deus, rogai por nós agora e na hora de nossa morte", então pedem com aquela esperança confiante para, na hora da morte, expirar nos braços maternos de Deus e que sua morte seja como um nascimento, desta vez não saindo do seio da mãe, mas entrando nele. Esperam confiantes que seu desejo ardente de acolhimento total já experimentado no seio materno seja satisfeito na morte numa nova modalidade. Nesta oração se re-encontram e se refletem muitas imagens (*arquétipos*); no inconsciente cresce o pressentimento da presença de Deus, como mãe da morte, que da morte elimina o terror.

No seu romance "Narciso e Goldmund" (Narciso e Boca de Ouro), Hermano Hesse descreve Goldmund como alguém que está à procura de sua mãe. Primeiro a procura na amizade com Narciso, depois em muitas aventuras com mulheres, e finalmente como escultor expressando seu anseio pela mãe numa estátua de Maria. No leito de morte sente que está morrendo nos braços da sua mãe; que vai encontrar lá o que procurou durante a vida. Diz então a Narciso, que vela junto ao agonizante: "Mas queres morrer, Narciso, se tu nem tens mãe? Sem mãe não se pode amar. Sem mãe não se pode morrer".[44] Esta palavras queimam na alma de Narciso. Pois para ele, asceta severo e monge culto, está faltando alguma coisa. Nunca teve a experiência de uma mãe verdadeira. Por isso se tornou intransigente e duro consigo mesmo, controlado e equilibrado, enquanto seu amigo Goldmund gozou a vida a largos haustos.

Em Maria temos uma mãe totalmente igual à nossa mãe biológica, viva ou falecida. Deus nos aponta Maria como nossa verdadeira mãe. Assim Maria nos ajuda a morrer em paz. Olhando para a Mãe com Jesus morto no colo, podemos sem medo entregar-nos à morte, pois sabemos que os braços carinhosos de nossa Mãe nos aguardam.

---

[44] H. Hesse, *Narziss und Goldmund*, Berlin, 1947, p. 417.

IX

O "ANJO DO SENHOR" E AS ANTÍFONAS MARIANAS

Em nossa espiritualidade beneditina, Maria ocupa o foco não somente nas festas marianas, mas também durante o dia, em dois exercícios de piedade, que têm uma longa tradição: no tríplice "Anjo do Senhor" e nas antífonas marianas no final das Completas. Para nós é uma boa proporção. A jornada monástica é marcada por salmos, leitura da Escritura e meditação, pela Eucaristia e pela busca de Deus no silêncio e na solidão. No centro de nossa vida religiosa está sempre Deus, Pai de Jesus Cristo que veio até nós no seu Filho e quer tomar forma em nós. No "Anjo do Senhor" e nas antífonas marianas são contemplados os mistérios da encarnação e o mistério de Deus, a partir de Maria. Para cristãos evangélicos estas antífonas tradicionais podem parecer estranhas. Também não precisam, simplesmente, ser aceitas por eles. Seria suficiente se mostrassem vontade de compreender.

O costume de rezar o "Anjo do Senhor" de manhã, ao meio-dia e à tarde e de bater os sinos remonta ao século XIV e foi muito comum entre o povo. Foi chamado o "breviário do povo". Assim como a oração do coro santifica os momentos do dia, assim deve acontecer na comemoração da Redenção por Jesus Cristo, que o "Anjo do Senhor" narra três vezes. Os sinos lembram aos que vivem neste mundo secularizado a fonte da vida. Despertam no seu afã diário algo do anseio pelo mistério de Deus que age benevolamente em nós com sua graça e nos envia seu Filho em nossa existência concreta. O fato de esta recordação da ação salvífica de Deus acontecer numa forma mariana corresponde à necessidade que o povo tem de ver a ação divina numa luz humana. O "Anjo do Senhor" descreve a encarnação em Maria, com palavras da Bíblia, combinando Lucas e João numa síntese da visão antropológica de Lucas e teológica de João.

A *cena-arquétipo* da Anunciação nos é apresentada três vezes diariamente. O mistério se desenvolve em três momentos:

– *"O anjo do Senhor anunciou a Maria e ela concebeu do Espírito Santo"*: Aqui é realçada a iniciativa de Deus. Deus age em Maria. Deus age também em nós. Ele nos envia diariamente sua mensagem por meio do seu anjo. Anjo podem ser as pessoas que nos sugerem alguma coisa, que nos revelam alguma boa nova; anjo pode ser o momento no qual surge uma ideia ou uma palavra da Escritura que nos toca.

"Maria concebeu do Espírito Santo": Em Maria a mensagem não ficou num ouvir ou imaginar fugaz. O Espírito Santo desceu sobre ela. E Maria ficou grávida.

– *Maria disse: "Eis aqui a serva do Senhor. Faça-se em mim segundo a tua palavra".* Aqui se trata da nossa resposta à vontade de Deus. De manhã, ao meio-dia e à tarde, pronunciamos estas palavras de Maria para ficar claro que estamos entendidos com o que Deus solicita de nós hoje ou já solicitou. É um sim para a vida, um "reconciliar-se" com o dia-a-dia. Ao repetir a palavra de Maria, nossa atitude muda diante daquilo que vivemos hoje. Nós o vemos por um outro ângulo. Dizemos sim, mesmo se não compreendemos. Deixamos a vontade de Deus acontecer em nós e experimentamos nesse "fiat" uma paz interior, uma sintonia com a vida. Assim o "Anjo do Senhor" é um exercício diário para nossa fé. Rezado nos momentos "chaves" do dia, une a nossa fé com os acontecimentos concretos do dia. É um auxílio vital, um auxílio para levar a cabo o que acontece em nós e conosco.

– O terceiro momento une a visão de João com a visão de Lucas sobre a Redenção: *"O Verbo se fez carne e habitou entre nós":* Recordamos o milagre central da nossa Redenção. Deus se fez homem. Ele não está mais distante. Agora habita no meio de nós. De manhã esta palavra dá outra dimensão ao nosso dia. Não vai ser um dia sem Deus. Hoje Deus irá morar junto de nós. Agora, Ele fica a manhã toda conosco, no meio de nós. Assim podemos lançar-nos nas lides desse dia.

Ao meio-dia, quando muita coisa aconteceu nesse meio tempo, quando alguma coisa talvez não tenha corrido bem, quando estamos no meio do trabalho e às vezes quase consumidos por ele, essa palavra nos diz: Deus mora também lá entre nós, no meio da agitação do dia, Ele é o polo repousante no meio de nós.

E à tarde essa Palavra quer convidar-nos para deixar para trás o dia com seu trabalho e voltar-nos para o mistério da nossa existência, para o mistério da Redenção, para o mistério do Deus encarnado. Assim nossa vida adquire saúde e salvação. Podemos entregar-nos confiantes ao repouso noturno, porque Deus mora conosco. Após a fadiga do dia podemos descansar, estar em casa, porque o próprio mistério mora entre nós.

Cada um dos três momentos está ligado a uma Ave-Maria para ser meditada no coração. Em nossa comunidade recitamos o *Ângelus* em silêncio porque é mais uma meditação do que uma oração, uma meditação da nossa redenção em Jesus Cristo, que nasceu da Virgem Maria. Talvez o tríplice toque do *Ângelus* possa ajudar também nossos irmãos e irmãs evangélicos a contemplar o mistério central da nossa fé, quer partindo de Maria, quer de Jesus Cristo ou de Deus Pai. O fundamental é que dia a dia nos coloquemos a meditar o mistério da Encarnação e a nos exercitar numa fé que encara e aceita o dia-a-dia como vindo de Deus.

Antífonas marianas

Cada tarde, no fim das "Completas", nós cantamos uma antífona mariana, que muda no decorrer do ano eclesiástico:

– Advento, Natal, Epifania: *Alma Redemptoris mater* (Santa Mãe do Redentor).
– Quaresma até Vigília Pascal: *Ave Regina caelorum* (Ave, Rainha dos céus).
– Tempo pascal até Pentecostes: *Regina caeli* (Rainha do céu).
– Pentecostes até o Advento: *Salve Regina* (Salve Rainha).

No fim do dia fazemos subir, nas imagens dos hinos marianos, nosso anseio pelo Deus materno. Aí podemos externar nossos sentimentos. Na seriedade de uma liturgia marcada por salmos, chega-nos algo suave e amigo, algo feminino e jocoso, a poesia que enaltece Maria como espelho do terno amor de Deus. Cantamos em latim as antífonas marianas. Assim combinam melhor com as imagens. Em alemão poderiam parecer afetadas e perder sua força. As imagens descrevem nossa vida perante Deus. Nelas nossa vida recebe uma nova dimensão, algo suave, cheio de esperança, de amor. Não se pode dirigir uma imagem só para uma pessoa. A imagem inclui sempre mais elementos. Nas imagens da "Salve Regina" são três polos entrelaçados: Deus, Maria e nós. Em Maria vemos Deus como nossa vida, nossa delícia e nossa esperança. E Maria é sinal de que nossa vida tem nova cor, estamos mergulhados na bondade e amizade de Deus. Nessas imagens nós nos sentimos novos perante Deus; sentimo-nos amados e acolhidos. Do canto nasce uma atmosfera de amor, delicadeza e acolhimento.

E agora, nesta atmosfera de acolhimento e entendimento mútuo, podemos colocar na conversa nossa vida com seus aspectos negativos. Quem faz seu anseio profundo emergir, admite também com sua tristeza que precisa daquele anseio como ponto de apoio. Quando escurece, afloram os verdadeiros anseios e aspirações de nosso coração. Percebemos então que não podemos só trabalhar o dia inteiro, mas que temos outro destino, que estando com Deus podemos sentir-nos em casa. A crítica teológica da expressão "vale de lágrimas" não procede. É uma imagem da nossa vida, não a redução do mundo a um vale de lamentações onde ficamos esperando por Deus como numa sala de espera. O vale de lágrimas é um aspecto da nossa experiência do mundo. E é bom manifestar também esse aspecto. Antes do anoitecer, escutando as aspirações ardentes do coração, olhando para Maria, sentimos saudades do Deus materno, que Maria nos faz lembrar.

Um jovem me contou que não entendia bem o texto quando cantava a Salve-Rainha. Mas a melodia o agradava tanto. Gostava de cantá-la e sentia-se bem. Se o canto de um hino produz um efeito tão salutar, já está justificado. É que a melodia do canto atinge camadas mais profundas em nós do que o meditar ou o falar. Na "Salve Regina" o texto formou uma ligação tão íntima com a melodia, originou-se daí uma unidade tão profunda, que não se pode mais separar um do outro. E eu não sei dizer o que mais me toca, se as palavras e as imagens ou a melodia.

No tempo do Advento e Natal cantamos a "Alma Redemptoris Mater" (Santa Mãe do Redentor), que nos assombra com o mistério da encarnação de Jesus pela Virgem e o desenvolve poeticamente, partindo de Maria. No tempo da Quaresma a "Ave Regina caelorum" interrompe o rigor da penitência e introduz algo jocoso. Exprimimos nossa alegria por Deus ter vindo a nós pela porta de Maria, para nos remir.

No hino "Regina caeli" (Rainha do céu) celebramos a Páscoa a partir de Maria. Ela se torna como que o espelho do acontecimento pascal. Manifestamos nosso júbilo pascal, convocando Maria para se alegrar com a ressurreição do seu Filho. Como poderíamos exprimir com palavras nossa alegria pascal? Só podemos expressá-la narrando a ação de Deus: a ressurreição do seu Filho. Mas sempre nos ocorrerão as mesmas palavras para falar da ação divina. O hino "Regina caeli" vê a ressurreição partindo da experiência de Maria. Podemos, portanto, dar livre curso à fantasia. Podemos ficar imaginando como ela reagiu diante da ressurreição do seu Filho. E, enquanto ficamos imaginando, projetamos em Maria nossos desejos e sentimentos. Externamos nossos sentimentos e nossa alegria pascal, transferindo-os para Maria. É um recurso legítimo: os poetas não o fazem de outro jeito. Para melhor conhecer um acontecimento, fazem-no ser recontado ou explicado por diversas pessoas. Assim é o "Regina caeli", um hino com o qual, por Maria e com ela, cantamos e celebramos o mistério pascal. E, ao cantar, gostaríamos de entrar em contato com o próprio mistério.

CONCLUSÃO

A partir do Iluminismo o culto mariano da Igreja Católica desenvolveu-se de uma maneira que agora está encontrando incompreensão por parte dos cristãos evangélicos. É que, como reação à racionalização da religião pelo Iluminismo, foi dado grande destaque ao sentimento no culto mariano. Esta reação é compreensível e sadia. Mas tem levado a exageros. Como beneditinos, sentimo-nos comprometidos com a espiritualidade dos padres da Igreja e da tradição monástica, que nunca aderiu a esses exageros.

Certamente é mais fácil para os cristãos evangélicos aceitar o culto mariano da Liturgia oficial e da tradição monástica do que se adaptar às formas da religiosidade popular, que, teologicamente, nem sempre podem ser justificadas.

Esta exposição das festas de Maria não quer impelir as irmãs e os irmãos evangélicos a colocar Maria no centro de sua fé. Pretende apenas manter a posição que a Sagrada Escritura e a Tradição da Igreja primitiva lhe reservaram. Certamente faria bem a todos nós se participássemos do tesouro das experiências dos primeiros séculos. Mas isso só acontece se nós, com imparcialidade e sem polêmica, pudermos dialogar sobre Maria e, no diálogo, pudermos ouvir a todos ordenadamente. Os teólogos católicos podem aprender com a posição dos evangélicos, que reconhecem Cristo como único mediador entre Deus e nós, e reagem sensivelmente a qualquer equiparação com Maria e outros santos. E os teólogos evangélicos podem aprender com o culto mariano católico que Deus se revela em espelhos humanos e que faz bem à nossa alma contemplar e bendizer o milagre da encarnação através do espelho feminino e materno de Maria.

O empenho de um diálogo evangélico-católico sobre Maria seria cuidar para o culto mariano ter uma forma sadia no exprimir nossos sentimentos para com Deus e reconhecer a maternidade divina. Mas ao mesmo tempo devemos observar atentamente onde ela corre perigo de nos levar para emoções que desviam nosso olhar da ação salvífica de Deus em Jesus Cristo. Aqui devem conviver um ceticismo sadio e uma prova experimental, livres de preconceito. Com uma sólida teologia na cabeça, podemos em sã consciência lançar-nos na poesia das imagens bíblicas e na celebração das festas marianas. Mas devemos ficar atentos aos sentimentos que afloram dentro de nós. Se forem apenas sentimentalismos, afastam-nos de Deus. E aí ficamos nadando só em emoções. Nesse caso os sentimentos seriam mais importantes para nós do que Deus. Se, porém, os sentimentos nos tornam revitalizados e nos enchem de paz interior, então são legítimos. Então podemos acolhê-los com boa consciência. Enchem de vida nossa fé e refletem em nós a experiência da ação magnânima de Deus em nós. Fazem-nos perceber com carne e sangue, com corpo e alma, com razão e coração, que Deus entrou em nosso mundo no seu Filho Jesus Cristo por Maria Virgem e nele nos revelou e confirmou para sempre seu amor paterno e materno.